ANDREW JENNINGS WITH SARAH FARRELL

ARITHMETIC NINJA

FOR AGES 5–6

BLOOMSBURY EDUCATION

LONDON OXFORD NEW YORK NEW DELHI SYDNEY

BLOOMSBURY EDUCATION
Bloomsbury Publishing Plc
50 Bedford Square, London, WC1B 3DP, UK
29 Earlsfort Terrace, Dublin 2, Ireland

BLOOMSBURY, BLOOMSBURY EDUCATION and the Diana logo are trademarks of
Bloomsbury Publishing Plc

First published in Great Britain, 2022
This edition published in Great Britain, 2022

A catalogue record for this book is available from the British Library

ISBN: PB: 978-1-8019-9054-7; ePDF: 978-1-8019-9055-4

2 4 6 8 10 9 7 5 3 1

Text design by Marcus Duck Design

Printed and bound in the UK by Ashford Colour Press

FSC
MIX
Paper from
responsible sources
FSC® C011748
www.fsc.org

To find out more about our authors and books visit www.bloomsbury.com
and sign up for our newsletters

CONTENTS

OTHER NINJA RESOURCES FOR TEACHERS

FOR TEACHERS

TIMES TABLE NINJA
BY SARAH FARRELL AND ANDREW JENNINGS

A treasure trove of photocopiable multiplication worksheets that give Key Stage 2 pupils all the tools they need to gain fluency in multiplication and division up to their 12 times tables. Each chapter begins with exercises for practising rapid recall, followed by visually engaging activities for applying knowledge to other areas of maths including shape, perimeter, scale factors, fractions and more.

COMPREHENSION NINJA FICTION & POETRY

A set of six books for ages 5–11 that provide strategies and carefully curated resources to teach the key comprehension skills of skimming, scanning and retrieving information effectively. Each book curates 24 high-quality fiction or poetry texts by authors such as Roald Dahl, Katherine Rundell and Chitra Soundar, alongside photocopiable activities with strong links to the National Curriculum.

VOCABULARY NINJA

A practical guide featuring strategies and photocopiable activities to help transform pupils into vocabulary ninjas. With easy-to-follow theory and teaching approaches, as well as key curriculum topic vocabulary, etymology and phrases, this book will help bring the primary curriculum to life.

COMPREHENSION NINJA NON-FICTION

A set of six books for ages 5–11 that provide strategies and carefully curated resources to teach the key comprehension skills of skimming, scanning and retrieving information effectively. Each book presents 24 high-quality non-fiction texts and photocopiable activities with strong links to the National Curriculum.

FOR CHILDREN

WRITE LIKE A NINJA

A pocket-sized book packed full of all the grammar, vocabulary and sentence structures that children need in order to improve and develop their writing skills. Fully aligned to the Key Stage 2 National Curriculum, this book is designed to be used independently by pupils both in the classroom and at home.

BE A MATHS NINJA

Be a Maths Ninja is jam-packed with key concepts, mathematical vocabulary and practice advice to support every child's growing independence in maths. It covers all the key areas of the National Curriculum for Key Stage 2 and is perfect for children needing all the important maths facts at their fingertips.

Head to www.vocabularyninja.co.uk and follow @VocabularyNinja on Twitter for more teaching and learning resources to support the teaching of vocabulary, reading, writing and the wider primary curriculum.

INTRODUCTION

Arithmetic is the study of a core part of mathematics that involves the varied properties of numbers and how they can be manipulated using the four operations: addition, subtraction, multiplication and division. A pupil's ability to confidently calculate using the four operations is essential as it underpins their ability to access the reasoning and mastery objectives set out by the primary National Curriculum.

HOW DOES ARITHMETIC NINJA SUPPORT TEACHERS AND SCHOOLS?

Arithmetic Ninja has been created to support the daily planning, preparation, teaching and assessment of arithmetic throughout each year group and across the whole school from Year 1 to Year 6. Each book contains almost 6,000 arithmetic-style questions and word problems that have been tailored to meet the needs of the primary National Curriculum, meaning that high-quality, whole-school arithmetic teaching and learning can be consistently and effectively embedded within each classroom without any of the time-consuming preparation. It's teaching simplified, learning amplified. Arithmetic Ninja is another outstanding whole-school resource that embodies the Vocabulary Ninja principles of simplicity, consistency and marginal gains!

HOW TO USE THIS BOOK

Arithmetic Ninja is much more than just a series of age-related arithmetic questions. Each day provides three differentiated sets of ten questions. Grasshopper, Shinobi and Grand Master each have a specific focus and purpose to support all pupils in the modern primary classroom.

GRASSHOPPER – CATCH-UP AND KEEP UP

Grasshopper questions have been designed to support pupils who are not working at the expected standard of their year group and require daily opportunities for repeated practice within a standard mathematical representation of part + part = whole (10 + 4 = 14). Grasshopper questions provide opportunities to build confidence in

content from three half-terms prior to the age-related expectation. So, questions in the Spring 2 term will include content from Autumn 2, Spring 1 and Spring 2, allowing pupils to not only catch-up, but keep up too!

SHINOBI – BUILD LINKS AND MAKE CONNECTIONS

Shinobi questions have been created beyond the standard age-related expectation for arithmetic questions. The focus at the Shinobi level is to provide an age-appropriate arithmetic resource – one that provides regular opportunities for pupils to build links and make connections between related mathematical facts. Within the daily series of ten questions, questions have been carefully crafted to allow pupils to make cognitive links between related facts. For example, 9 x 8 = 72 and within the Shinobi series, subsequent questions may focus on 0.8 x 9, 7.2 ÷ 9 or even 0.9 x 0.8. Where possible, the Shinobi strand provides teachers with the mathematical opportunities to dive deeper into a pupil's understanding with effective questioning to support the link-building process and to make these crucial connections.

GRAND MASTER – VARIED FLUENCY, REPRESENTATION AND MASTERY

Grand Master questions provide pupils with a greater level of challenge, with questions bridging into mathematical content up to three half-terms beyond the age-related expectation. So, questions in the Autumn 2 term could also contain content from Spring 1 and Spring 2. Grand Master questions go even further still by presenting questions with varied representations such as whole = part + part (200 = 160 + 40) or questions with unknown parts (200 = __ + 40). Grand Master questions allow teachers to provide a greater level of challenge for pupils who are ready for it and are designed to provide opportunities for pupils to develop a mastery level of mathematical understanding.

Each Arithmetic Ninja book is an extremely versatile resource for teachers, schools and tutors and could be used to begin daily maths lessons, as part of high-quality intervention, within private tuition or even as part of regular homework provision.

Content map for Arithmetic Ninja

	Autumn term 1: Weeks 1-6	Autumn term 2: Weeks 7-12	Spring term 1: Weeks 13-18	Spring term 2: Weeks 19-25	Summer term 1: Weeks 26-32	Summer term 2: Weeks 33-39
Year 1 (for ages 5-6)	• Number bonds to 10, e.g. 9 + 1 / 1 + 9 • Add one- and two-digit numbers within 20 (13 + 1 / 13 + 2 / 13 + 3) • Include language of 1 more • Double • Count in 2s	• Number bonds to 10 (alternate representations, e.g. 10 = __ + 4) • Subtract one- and two-digit numbers within 20 (15 - 3 / 15 - 4 / 15 - 5) • Include language of 1 less • Double • Count in 2s (lots of)	• Number bonds to 20 (19 + 1 / 1 + 19) • Add and subtract one- and two-digit numbers within 20 (answer box at beginning OR missing number question, e.g. __ - 7 = 9 OR __ = 16 - 9) • Count in 5s (lots of) • 1 more to 50 • 5 + 5 • Half	• Number bonds to 20 (alternate representations, e.g. 20 = __ + 1) • Add and subtract one- and two-digit numbers within 20 (answer box at the beginning OR missing number question, e.g. 7 = __ - 9) • Count in 10s (lots of) • 10 + 10 • Quarter • 1 more to 100	• Add and subtract one- and two-digit numbers within 20 (alternate representations including answer box at the beginning AND missing number, e.g. 7 = __ - 9) • 1 less to 100 • Mixed 1 more and 1 less in different representations	• Mixed adding and subtracting within 20 (alternate representations) and within 30 • Mixed counting in 2s, 5s and 10s • 1 less to 100 • Mixed 1 more and 1 less in different representations
Year 2 (for ages 6-7)	• Number bonds to 10 (alternate representations) • Number bonds to 20 (alternate representations) • Addition and subtraction within 10 • Count in 2s • Double	• Addition and subtraction within 20 • Partition two-digit numbers in different ways (20 + 3 / 10 + 13) • Double and half • Quarter	• Add and subtract two-digit and one-digit numbers (34 + 3 / 34 + 5 / 34 + 6) • Using the inverse (1 + 2 = 3 / 3 - 2 = 1) • 2 times table • Half / two quarters	• Add and subtract two-digit numbers and tens (34 + 10 / 34 + 20 / 34 + 30) • Derive related facts to 100 (3 + 4 = 30 / 30 + 40 = 70 / 70 = 30 + 40) • Half • 5 + 5 • 1 less to 50 • Count in 5s (lots of) • Thirds	• Add and subtract two two-digit numbers (56 - 22 / 56 - 23 / 56 - 24) • Add three one-digit numbers (1 + 5 + 7 / 1 + 4 + 8) • 5 times table	• Add and subtract two two-digit numbers (56 + __ = 79 / 79 = __ + 56) • 5 and 10 times tables
Year 3 (for ages 7-8)	• Three-digit numbers add ones (456 + 2 / + 3 / + 4) • Partition two-digit numbers in different ways (80 + 2 / 70 + 12) • Mixed 2, 5 and 10 times tables (including halves and doubles)	• Three-digit numbers subtract ones (456 - 2 / - 3 / - 4) • Partition three-digit numbers in different ways (100 + 40 + 6 / 130 + 16) • 3 and 4 times tables (including quarters)	• Three-digit numbers add tens (456 + 20 / + 30 / + 40) • Derive related facts (30 + 40 / 300 + 400 / 50 + 20) • 8 times table • Add and subtract fractions with same denominator (+)	• Three-digit numbers subtract tens (456 - 20 / - 30 / - 40) • Add and subtract three-digit numbers (246 - 123 / 123 + 246) • Distribute (4 x 12 x 5 / 4 x 5 x 12) • 20 x 12 = 240 • Derive related facts (45 x 3 / 45 x 4) • Unit fractions of numbers linking to those times tables	• Three-digit numbers add hundreds (456 + 200 / + 300 / + 400) • Add and subtract three-digit numbers (246 - __ = 132 / 456 = __ + 321) • Derive related facts to 1,000 (40 / 10 relating to 4 / 10) • Non-unit fraction of number (e.g.) relating to times tables	• Three-digit numbers subtract hundreds (456 - 200 / - 300 / - 400) • Derive related facts to 1,000 • 5 and 10 times tables
Year 4 (for ages 8-9)	• 10 / 100 more / less • Mixed times tables (2, 5, 10, 3, 4, 8, including double, half, quarter, etc.) • Multiply three numbers • Add and subtract fractions (same denominators)	• 10 / 100 / 1,000 more / less • Partition four-digit numbers in different ways (3,005 + 340 / 3,300 + 45) • Derive related facts to 10,000 (e.g. 600 x 2) • Three-digit times one-digit numbers • Unit fractions of numbers	• Add and subtract four-digit numbers (4564 + 2323 = __ / __ = 4564 + 2323) • Derive related facts to 10,000 (e.g. 600 x 2) • Three-digit times one-digit numbers • Non-unit fractions of numbers	• Add and subtract four-digit numbers (4564 + 2323 = __ / 5737 / __ - 1234) • Derive related facts to 10,000 (including fractions of numbers) • Three-digit times one-digit numbers • Divide a one- or two-digit number by 10 and 100 • Two-digit times one-digit numbers • Add and subtract fractions (same denominators; answers bigger than 1)	• Add and subtract decimals (tenths) • Derive related facts to 10,000 (e.g. 600 x 2) • Two-digit numbers divided by one-digit numbers • Three-digit numbers divided by one-digit numbers • Non-unit fraction of number (e.g.) relating to times tables	• Add and subtract decimals (hundredths) • Derive related facts to 1,000 (including fractions of numbers) • Three-digit numbers divided by one-digit numbers • Non-unit fraction of number
Year 5 (for ages 9-10)	• 10 / 100 / 1000 more / less • Partition numbers in different ways • Add and subtract decimals (complements of 1, e.g. 100 - 76 = __ / 1 - 0.76 = __) • All times tables, including deriving related facts	• Powers of 10 more / less • Square / square root • Multiply three numbers • Unit fractions of numbers	• Add and subtract four-digit numbers (4564 + 2323 = __ / __ = 4564 + 2323) • Multiply and divide by 10, 100 and 1000 • Derive related facts to 10,000 (including fractions) • Derive related facts to 100,000 (including fractions) • Add and subtract fractions where the denominators are multiples of same number (answers bigger than 1)	• Add and subtract four-digit numbers (84,564 + 12,323 = __ / 45,737 = __ - 31,234) • Long multiplication • Short division (no remainders) • Non-unit fractions of whole numbers • Add and subtract mixed numbers	• Add and subtract more than four-digit numbers (84,564 + 12,323 = __ / __ / 45,737 = __ - 31,234) • Long multiplication • Short division • Multiply simple fractions by whole numbers	• Decimal long multiplication • Multiply mixed pairs of fractions
Year 6 (for ages 10-11)	• Mixed whole number addition and subtraction • Derive related facts to 100,000 • Multiply and divide by 10, 100 and 1,000 • Add and subtract fractions with denominators that are multiples of the same number	• Mixed decimal addition and subtraction • Derive related facts to 1,000,000 • Add and subtract decimals • Add and subtract fractions with different denominators • Fraction of number	• Square and cube numbers • BODMAS • Long multiplication • Multiply pairs of fractions • Percentage of number	• Short division • Long division • Divide fractions by whole numbers • Mixed fractions and percentages of numbers • Fractions to decimals	• Find 50%, 20%, 25% • Cube / cube root • Find whole from unit fraction • Multiply mixed numbers by whole numbers • Add and subtract decimals (up to hundredths / up to hundredths / different number of places) • Find 100%, 10%, 1% • Derive related facts to 10,000	

Arithmetic Ninja 5-6 © Andrew Jennings, 2022

Monday

1.	2	+	1	=	
2.	3	+	1	=	
3.	1	+	1	=	
4.	2	+	1	=	
5.	1	+	1	=	
6.	3	+	3	=	
7.	2	+	2	=	
8.	1	+	3	=	
9.	3	+	2	=	
10.	2	+	1	=	

Tuesday

1.	3	+	1	=	
2.	2	+	1	=	
3.	1	+	2	=	
4.	3	+	1	=	
5.	3	+	3	=	
6.	1	+	2	=	
7.	1	+	1	=	
8.	2	+	2	=	
9.	3	+	1	=	
10.	1	+	2	=	

Wednesday

1.	3	+	1	=	
2.	4	+	1	=	
3.	2	+	1	=	
4.	1	+	2	=	
5.	2	+	1	=	
6.	2	+	2	=	
7.	3	+	1	=	
8.	3	−	1	=	
9.	2	−	1	=	
10.	1	−	1	=	

Thursday

1.	3	+	3	=	
2.	3	+	1	=	
3.	2	+	3	=	
4.	3	+	1	=	
5.	1	+	2	=	
6.	2	+	2	=	
7.	2	+	1	=	
8.	3	−	2	=	
9.	3	−	1	=	
10.	3	−	3	=	

Friday

1.	1	+	2	=	
2.	3	+	2	=	
3.	2	+	2	=	
4.	0	+	2	=	
5.	3	+	1	=	
6.	0	+	0	=	
7.	3	−	0	=	
8.	2	−	1	=	
9.	3	−	1	=	
10.	1	−	1	=	

Ninja challenge

Cho **adds** four counters and two counters **together**. How many counters does Cho have?

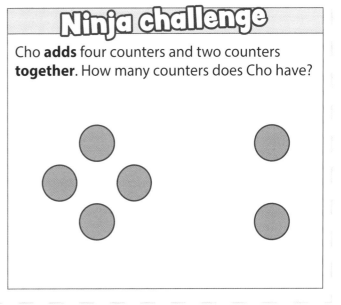

Monday

1.	0	+		=	10
2.	1	+		=	10
3.	2	+		=	10
4.	3	+		=	10
5.	4	+		=	10
6.	5	+		=	10
7.	6	+		=	10
8.	7	+		=	10
9.	8	+		=	10
10.	9	+		=	10

Tuesday

1.	10	+		=	10
2.	9	+		=	10
3.	8	+		=	10
4.	7	+		=	10
5.	6	+		=	10
6.	5	+		=	10
7.	4	+		=	10
8.	3	+		=	10
9.	2	+		=	10
10.	1	+		=	10

Wednesday

1.	0	+		=	10
2.	2	+		=	10
3.	4	+		=	10
4.	7	+		=	10
5.	6	+		=	10
6.	10	+		=	10
7.	9	+		=	10
8.	1	+		=	10
9.	3	+		=	10
10.	5	+		=	10

Thursday

1.	6	+		=	10
2.	9	+		=	10
3.	2	+		=	10
4.	1	+		=	10
5.	3	+		=	10
6.	5	+		=	10
7.	4	+		=	10
8.	10	+		=	10
9.	7	+		=	10
10.	0	+		=	10

Friday

1.	1	+		=	10
2.	9	+		=	10
3.	3	+		=	10
4.	10	+		=	10
5.	6	+		=	10
6.	0	+		=	10
7.	4	+		=	10
8.	7	+		=	10
9.	8	+		=	10
10.	5	+		=	10

Ninja challenge

Jon and Sam have five counters **each**. How many counters do they have **altogether**?

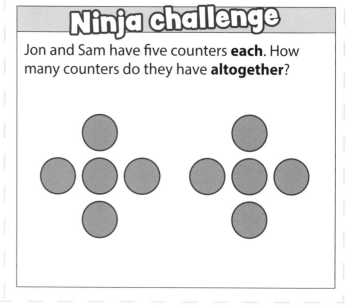

Monday

1.	9	+	4	=	
2.	8	plus	6	=	
3.	9	+	5	=	
4.		=	9	+	4
5.	15	–	six	=	
6.		=	7	+	4
7.	15	subtract	6	=	
8.	14	–	7	=	
9.		=	four	+	7
10.	15	minus	8	=	

Tuesday

1.	8	+	6	=	
2.	9	plus	5	=	
3.	9	+	4	=	
4.	15	=	8	+	
5.	13	–	four	=	
6.		=	6	+	8
7.	11	subtract	6	=	
8.	12	–	5	=	
9.		=	five	+	8
10.	15	minus	8	=	

Wednesday

1.	6	+	4	=	
2.	6	plus	6	=	
3.	5	+	6	=	
4.	12	=	6	+	
5.	12	–	six	=	
6.		=	6	+	4
7.	13	subtract	6	=	
8.	12	–	7	=	
9.		=	nine	+	4
10.	11	minus	8	=	

Thursday

1.	5	+	6	=	
2.	5	plus	7	=	
3.	5	+	8	=	
4.		=	9	+	5
5.	15	–	eight	=	
6.		=	2	+	9
7.	12	subtract	11	=	
8.	10	–	7	=	
9.		=	nine	+	4
10.	10	minus	8	=	

Friday

1.	6	+	6	=	
2.	5	plus	5	=	
3.	5	+	5	=	
4.		=	7	+	7
5.	16	–	eight	=	
6.		=	6	+	6
7.	12	subtract	6	=	
8.	10	–	5	=	
9.		=	seven	+	7
10.	12	minus	6	=	

Ninja challenge

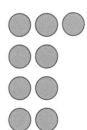

Cho has eleven counters. She then collects five **more** counters. How many counters does Cho have in **total**?

WEEK 2

Monday

1.	4	+	2	=	
2.	1	+	2	=	
3.	3	+	1	=	
4.	2	+	3	=	
5.	1	+	3	=	
6.	3	+	2	=	
7.	4	+	1	=	
8.	3	+	0	=	
9.	2	+	2	=	
10.	0	+	4	=	

Tuesday

1.	3	+	2	=	
2.	4	+	4	=	
3.	4	+	1	=	
4.	4	+	3	=	
5.	4	+	0	=	
6.	4	+	2	=	
7.	4	+	1	=	
8.	3	+	0	=	
9.	3	+	2	=	
10.	3	+	4	=	

Wednesday

1.	4	+	3	=	
2.	0	+	4	=	
3.	2	+	2	=	
4.	3	+	4	=	
5.	1	+	3	=	
6.	4	+	1	=	
7.	4	+	2	=	
8.	3	+	1	=	
9.	2	+	2	=	
10.	1	+	4	=	

Thursday

1.	4	+	1	=	
2.	3	+	2	=	
3.	2	+	3	=	
4.	1	+	4	=	
5.	3	+	3	=	
6.	2	–	1	=	
7.	3	–	2	=	
8.	1	–	1	=	
9.	2	–	1	=	
10.	1	–	0	=	

Friday

1.	4	+	1	=	
2.	3	+	1	=	
3.	4	+	3	=	
4.	3	+	2	=	
5.	4	+	4	=	
6.	4	–	1	=	
7.	3	–	2	=	
8.	4	–	2	=	
9.	3	–	3	=	
10.	4	–	3	=	

Iko has four counters and three counters in two groups. How many counters does Iko have in **total**?

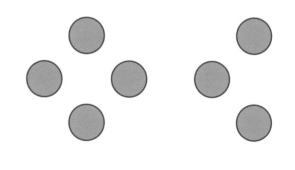

Arithmetic Ninja 5-6 © Andrew Jennings, 2022

WEEK 2

Monday

1.	5	+		=	10
2.	7	+		=	10
3.	9	+		=	10
4.	8	+		=	10
5.	10	+		=	10
6.	3	+		=	10
7.	0	+		=	10
8.	4	+		=	10
9.	2	+		=	10
10.	6	+		=	10

Tuesday

1.	3	+		=	10
2.	4	+		=	10
3.	1	+		=	10
4.	0	+		=	10
5.	2	+		=	10
6.	6	+		=	10
7.	8	+		=	10
8.	9	+		=	10
9.	7	+		=	10
10.	10	+		=	10

Wednesday

1.	1	+		=	10
2.	6	+		=	10
3.	9	+		=	10
4.	4	+		=	10
5.	10	+		=	10
6.	9	+		=	10
7.	0	+		=	10
8.	5	+		=	10
9.	7	+		=	10
10.	3	+		=	10

Thursday

1.	5	+		=	10
2.	2	+		=	10
3.	7	+		=	10
4.	8	+		=	10
5.	3	+		=	10
6.	10	+		=	10
7.	9	+		=	10
8.	0	+		=	10
9.	1	+		=	10
10.	6	+		=	10

Friday

1.	4	+		=	10
2.	5	+		=	10
3.	9	+		=	10
4.	3	+		=	10
5.	1	+		=	10
6.	8	+		=	10
7.	10	+		=	10
8.	6	+		=	10
9.	0	+		=	10
10.	2	+		=	10

Ninja challenge

Sam has eight counters. Jon **takes away** five counters. How many counters are left?

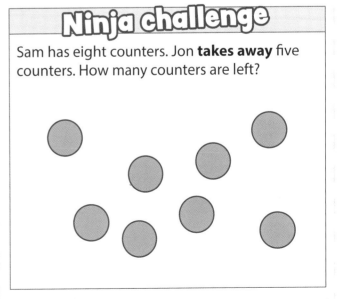

WEEK 2

Monday

1.	9	+	6	=	
2.	8	add	7	=	
3.	9	+	8	=	
4.		=	four	+	9
5.	12	–	5	=	
6.		=	3	+	9
7.	11	subtract	11	=	
8.	11	–	7	=	
9.		=	two	+	12
10.	9	plus	8	=	

Tuesday

1.	7	+	8	=	
2.	9	add	6	=	
3.	11	+	6	=	
4.		=	four	+	10
5.	13	–	4	=	
6.		=	4	+	8
7.	12	subtract	11	=	
8.	12	–	7	=	
9.		=	two	+	11
10.	5	plus	12	=	

Wednesday

1.	2	+	13	=	
2.	3	add	12	=	
3.	5	+	12	=	
4.		=	five	+	6
5.	11	–	4	=	
6.		=	2	+	11
7.	15	subtract	11	=	
8.	13	–	2	=	
9.		=	two	+	13
10.	4	plus	13	=	

Thursday

1.	9	+	6	=	
2.	9	add	6	=	
3.	9	+	8	=	
4.		=	nine	+	5
5.	13	–	4	=	
6.		=	3	+	9
7.	12	subtract	3	=	
8.	14	–	5	=	
9.		=	four	+	9
10.	9	plus	4	=	

Friday

1.	7	+	5	=	
2.	9	add	4	=	
3.	11	+	1	=	
4.		=	four	+	8
5.	13	–	2	=	
6.		=	6	+	5
7.	11	subtract	5	=	
8.	12	–	6	=	
9.		=	two	+	9
10.	7	plus	4	=	

Ninja challenge

Iko has five counters. Cho has six counters. Tom has four counters. How many counters do they have in **total**?

Arithmetic Ninja 5-6 © Andrew Jennings, 2022

Monday

1.	3	+	1	=	
2.	4	+	2	=	
3.	3	+	2	=	
4.	5	+	2	=	
5.	4	+	3	=	
6.	3	+	4	=	
7.	1	+	2	=	
8.	1	+	3	=	
9.	0	+	2	=	
10.	1	+	1	=	

Tuesday

1.	5	+	0	=	
2.	4	+	1	=	
3.	0	+	5	=	
4.	1	+	5	=	
5.	4	+	2	=	
6.	3	+	1	=	
7.	2	+	3	=	
8.	4	+	4	=	
9.	2	+	2	=	
10.	1	–	1	=	

Wednesday

1.	3	+	1	=	
2.	2	+	2	=	
3.	1	+	3	=	
4.	3	+	3	=	
5.	4	+	2	=	
6.	5	+	1	=	
7.	4	–	2	=	
8.	3	–	1	=	
9.	2	–	0	=	
10.	1	–	0	=	

Thursday

1.	3	+	1	=	
2.	2	+	2	=	
3.	0	+	4	=	
4.	1	+	3	=	
5.	4	+	0	=	
6.	5	–	2	=	
7.	3	–	1	=	
8.	1	–	1	=	
9.	3	–	2	=	
10.	2	–	0	=	

Friday

1.	5	+	0	=	
2.	1	+	4	=	
3.	0	+	3	=	
4.	2	+	2	=	
5.	3	+	3	=	
6.	5	–	5	=	
7.	5	–	4	=	
8.	5	–	2	=	
9.	5	–	1	=	
10.	5	–	3	=	

Iko has three counters. Tom has two **more** counters than Iko. How many counters does Tom have?

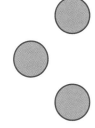

WEEK 3

	Monday				
1.	10	is	4	more than	
2.	10	is	3	more than	
3.	10	is	7	more than	
4.	10	is	9	more than	
5.	10	is	2	more than	
6.	10	is	8	more than	
7.	10	is	9	more than	
8.	10	is	10	more than	
9.	10	is	5	more than	
10.	10	is	6	more than	

	Tuesday				
1.	10	is	4	more than	
2.	10	is	7	more than	
3.	10	is	10	more than	
4.	10	is	9	more than	
5.	10	is	1	more than	
6.	10	is	3	more than	
7.	10	is	2	more than	
8.	10	is	5	more than	
9.	10	is	6	more than	
10.	10	is	8	more than	

	Wednesday				
1.	10	is	6	more than	
2.	10	is	3	more than	
3.	10	is	7	more than	
4.	10	is	8	more than	
5.	10	is	1	more than	
6.	10	is	9	more than	
7.	10	is	4	more than	
8.	10	is	5	more than	
9.	10	is	10	more than	
10.	10	is	2	more than	

	Thursday				
1.	10	is	10	more than	
2.	10	is	7	more than	
3.	10	is	3	more than	
4.	10	is	9	more than	
5.	10	is	8	more than	
6.	10	is	4	more than	
7.	10	is	6	more than	
8.	10	is	5	more than	
9.	10	is	2	more than	
10.	10	is	1	more than	

	Friday				
1.	10	is	2	more than	
2.	10	is	5	more than	
3.	10	is	6	more than	
4.	10	is	10	more than	
5.	10	is	7	more than	
6.	10	is	8	more than	
7.	10	is	9	more than	
8.	10	is	1	more than	
9.	10	is	8	more than	
10.	10	is	3	more than	

Ninja challenge

Sam has seven counters. Jon **adds** six more counters. How many counters do the boys have in **total**?

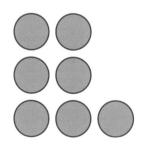
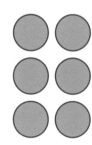

Monday

1.	9	+	6	=	
2.	9	add	7	=	
3.	9	plus	4	=	
4.		=	three	+	11
5.	16	–	4	=	
6.		=	6	+	8
7.	14	–	11	=	
8.	14	–	7	=	
9.		=	9	+	5
10.	15	minus	5	=	

Tuesday

1.	7	+	6	=	
2.	8	add	7	=	
3.	9	plus	5	=	
4.		=	three	+	13
5.	15	–	6	=	
6.		=	7	+	9
7.	16	–	8	=	
8.	14	–	5	=	
9.		=	9	+	6
10.	13	minus	8	=	

Wednesday

1.	5	+	7	=	
2.	6	add	5	=	
3.	7	plus	6	=	
4.		=	nine	+	5
5.	16	–	7	=	
6.		=	7	+	8
7.	11	–	four	=	
8.	16	–	5	=	
9.		=	11	+	3
10.	15	minus	8	=	

Thursday

1.	10	+	6	=	
2.	10	add	7	=	
3.	10	plus	5	=	
4.		=	10	+	6
5.	15	–	10	=	
6.		=	6	+	10
7.	16	–	6	=	
8.	14	–	4	=	
9.		=	10	+	5
10.	13	minus	3	=	

Friday

1.	11	+	6	=	
2.	11	add	7	=	
3.	11	plus	5	=	
4.		=	11	+	5
5.	15	–	11	=	
6.		=	5	+	11
7.	16	–	4	=	
8.	14	–	3	=	
9.		=	11	+	4
10.	13	minus	2	=	

Ninja challenge

Sam **takes** eleven counters **away** from Cho. Cho had fifteen counters. How many counters does Cho have now?

WEEK 4

	Monday				
1.	5	+	2	=	
2.	5	add	2	=	
3.	4	+	4	=	
4.	3	+	4	=	
5.	1	+	5	=	
6.	5	–	4	=	
7.	4	minus	1	=	
8.	5	–	2	=	
9.	4	–	2	=	
10.	3	–	2	=	

	Tuesday				
1.	4	+	4	=	
2.	3	add	5	=	
3.	2	+	6	=	
4.	3	+	5	=	
5.	5	+	3	=	
6.	5	–	4	=	
7.	6	–	2	=	
8.	4	minus	3	=	
9.	6	–	5	=	
10.	2	–	2	=	

	Wednesday				
1.	4	+	4	=	
2.	0	add	5	=	
3.	1	+	5	=	
4.	3	+	5	=	
5.	1	+	5	=	
6.	6	–	2	=	
7.	5	–	3	=	
8.	3	minus	1	=	
9.	1	–	1	=	
10.	5	–	4	=	

	Thursday				
1.	4	+	3	=	
2.	5	add	2	=	
3.	6	+	1	=	
4.	2	+	5	=	
5.	3	+	4	=	
6.	4	–	3	=	
7.	5	–	2	=	
8.	6	minus	3	=	
9.	4	–	2	=	
10.	3	–	1	=	

	Friday				
1.	5	+	2	=	
2.	4	add	3	=	
3.	6	+	1	=	
4.	5	+	2	=	
5.	4	+	3	=	
6.	7	–	3	=	
7.	7	–	2	=	
8.	7	minus	5	=	
9.	7	–	4	=	
10.	7	–	1	=	

Ninja challenge

Iko has two counters. Tom has two counters. Cho has two counters. How many counters do they have in **total**?

WEEK 4

Monday

1.	0	+	1	=	
2.	1	+	1	=	
3.	2	+	1	=	
4.	3	+	1	=	
5.	4	+	1	=	
6.	5	+	1	=	
7.	6	+	1	=	
8.	7	+	1	=	
9.	8	+	1	=	
10.	9	+	1	=	

Tuesday

1.	1	+	1	=	
2.	5	+	1	=	
3.	4	+	1	=	
4.	7	+	1	=	
5.	8	+	1	=	
6.	9	+	1	=	
7.	3	+	1	=	
8.	5	+	1	=	
9.	6	+	1	=	
10.	2	+	1	=	

Wednesday

1.		is	1	more than	0
2.		is	1	more than	1
3.		is	1	more than	2
4.		is	1	more than	3
5.		is	1	more than	4
6.		is	1	more than	5
7.		is	1	more than	6
8.		is	1	more than	7
9.		is	1	more than	8
10.		is	1	more than	9

Thursday

1.		is	1	more than	4
2.		is	1	more than	5
3.		is	1	more than	2
4.		is	1	more than	1
5.		is	1	more than	3
6.		is	1	more than	8
7.		is	1	more than	9
8.		is	1	more than	4
9.		is	1	more than	6
10.		is	1	more than	7

Friday

1.		is	1	more than	1
2.		is	1	more than	3
3.		is	1	more than	8
4.		is	1	more than	9
5.		is	1	more than	4
6.	8	+	1	=	
7.	9	+	1	=	
8.	3	+	1	=	
9.	5	+	1	=	
10.	6	+	1	=	

Ninja challenge

Amy has three **more** counters than Mark. Mark has eight counters. How many counters does Amy have?

WEEK 4

Monday

1.	11	+	7	=	
2.	12	add	7	=	
3.	13	plus	7	=	
4.		=	11	+	8
5.	19	–	four	=	
6.		=	5	+	13
7.	17	–	4	=	
8.	16	–	3	=	
9.		=	nine	+	7
10.	15	minus	2	=	

Tuesday

1.	9	+	9	=	
2.	8	add	8	=	
3.	7	plus	7	=	
4.		=	8	+	8
5.	18	–	seven	=	
6.		=	6	+	9
7.	19	–	6	=	
8.	20	–	7	=	
9.		=	eight	+	7
10.	17	minus	8	=	

Wednesday

1.	10	+	nine	=	
2.	11	add	8	=	
3.	12	plus	7	=	
4.		=	8	+	11
5.	18	–	one	=	
6.		=	6	+	13
7.	19	–	11	=	
8.	20	–	12	=	
9.		=	eight	+	12
10.	19	minus	8	=	

Thursday

1.	7	+	nine	=	
2.	6	add	12	=	
3.	8	plus	11	=	
4.		=	2+6	+	11
5.	18	–	two	=	
6.		=	6	+	14
7.	20	–	11	=	
8.	20	–	19	=	
9.		=	three	+	17
10.	19	minus	15	=	

Friday

1.	19	+	1	=	
2.	13	add	6	=	
3.	9	plus	11	=	
4.		=	7	+	10
5.	20	–	nine	=	
6.		=	6	+	13
7.	18	–	14	=	
8.	17	–	8	=	
9.		=	eleven	+	9
10.	18	minus	nine	=	

Ninja challenge

Sam has 16 counters. Iko and Tom both **take** six counters each **away** from Sam. How many counters does Sam have left?

Arithmetic Ninja 5-6 © Andrew Jennings, 2022

Monday

1.	6	+	2	=	
2.	5	+	3	=	
3.	7	add	2	=	
4.	1	+	6	=	
5.	5	plus	3	=	
6.	5	–	2	=	
7.	6	–	2	=	
8.	7	minus	2	=	
9.	4	–	2	=	
10.	3	–	2	=	

Tuesday

1.	5	+	3	=	
2.	6	+	3	=	
3.	5	add	3	=	
4.	6	+	1	=	
5.	7	plus	2	=	
6.	7	–	5	=	
7.	6	–	4	=	
8.	5	minus	4	=	
9.	7	–	3	=	
10.	5	–	4	=	

Wednesday

1.	7	+	1	=	
2.	7	+	2	=	
3.	6	add	3	=	
4.	4	+	4	=	
5.	3	plus	6	=	
6.	7	–	2	=	
7.	8	–	6	=	
8.	6	minus	4	=	
9.	5	–	3	=	
10.	6	–	6	=	

Thursday

1.	6	+	3	=	
2.	0	+	8	=	
3.	1	add	5	=	
4.	2	+	7	=	
5.	1	plus	6	=	
6.	7	–	4	=	
7.	6	–	5	=	
8.	5	minus	3	=	
9.	8	–	2	=	
10.	7	–	4	=	

Friday

1.	6	+	2	=	
2.	2	+	7	=	
3.	0	add	9	=	
4.	3	+	5	=	
5.	4	plus	5	=	
6.	6	–	6	=	
7.	5	–	3	=	
8.	9	minus	6	=	
9.	8	–	3	=	
10.	3	–	1	=	

Ninja challenge

Sam has seven counters. Then he **takes** three counters **away**. How many counters does Sam have left?

WEEK 5

Monday

1.	10	+	1	=	
2.	11	+	1	=	
3.	12	+	1	=	
4.	13	+	1	=	
5.	14	+	1	=	
6.	15	+	1	=	
7.	16	+	1	=	
8.	17	+	1	=	
9.	18	+	1	=	
10.	19	+	1	=	

Tuesday

1.	12	+	1	=	
2.	14	+	1	=	
3.	11	+	1	=	
4.	13	+	1	=	
5.	17	+	1	=	
6.	19	+	1	=	
7.	10	+	1	=	
8.	15	+	1	=	
9.	17	+	1	=	
10.	16	+	1	=	

Wednesday

1.	11	is	one	more than	
2.	12	is	one	more than	
3.	13	is	one	more than	
4.	14	is	one	more than	
5.	15	is	one	more than	
6.	16	is	one	more than	
7.	17	is	one	more than	
8.	18	is	one	more than	
9.	19	is	one	more than	
10.	20	is	one	more than	

Thursday

1.	17	is	one	more than	
2.	12	is	one	more than	
3.	14	is	one	more than	
4.	16	is	one	more than	
5.	15	is	one	more than	
6.	11	is	one	more than	
7.	20	is	one	more than	
8.	18	is	one	more than	
9.	19	is	one	more than	
10.	13	is	one	more than	

Friday

1.	11	+	1	=	
2.	13	+	1	=	
3.	17	+	1	=	
4.	19	+	1	=	
5.	10	+	1	=	
6.	16	is	one	more than	
7.	15	is	one	more than	
8.	11	is	one	more than	
9.	20	is	one	more than	
10.	18	is	one	more than	

Ninja challenge

Mark has six counters. Amy has five counters. Jon has four counters. How many counters do they have in **total**?

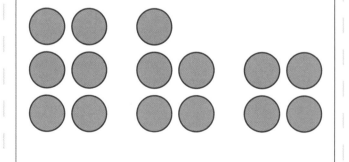

Monday

1.	7	+		=	15
2.	8	more than	12	=	
3.	8	less than	11	=	
4.		=	five	+	11
5.	18	–		=	14
6.		=	8	+	12
7.	7	more than	11	=	
8.	20	–	5	=	
9.		=	three	+	17
10.	17	–	15	=	

Tuesday

1.	4	+		=	13
2.	6	more than	12	=	
3.	7	less than	11	=	
4.		=	six	+	12
5.	20	–		=	11
6.		=	11	+	4
7.	8	more than	12	=	
8.	16	–	6	=	
9.		=	five	+	15
10.	13	–	9	=	

Wednesday

1.	8	+		=	17
2.	12	more than	4	=	
3.	6	less than	11	=	
4.		=	nine	+	7
5.	17	–		=	9
6.		=	9	+	5
7.	11	more than	4	=	
8.	14	–	7	=	
9.		=	eight	+	11
10.	20	–	9	=	

Thursday

1.	12	+		=	19
2.	7	more than	6	=	
3.	14	less than	20	=	
4.		=	six	+	14
5.	20	–		=	4
6.		=	6	+	8
7.	7	more than	13	=	
8.	15	–	6	=	
9.		=	nine	+	9
10.	20	–	14	=	

Friday

1.	13	+		=	20
2.	7	more than	13	=	
3.	13	less than	20	=	
4.		=	six	+	11
5.	13	–		=	1
6.		=	2	+	13
7.	11	more than	4	=	
8.	16	–	7	=	
9.		=	nine	+	10
10.	13	–	12	=	

Ninja challenge

Cho **takes** nine counters **away** from Sam. Sam had thirteen counters. How many counters does Sam have now?

WEEK 6

	Monday			
1.	4	add	4	=
2.	5	+	3	=
3.	1	plus	8	=
4.	4	+	5	=
5.	5	+	4	=
6.	5	–	1	=
7.	6	–	2	=
8.	8	–	1	=
9.	9	subtract	2	=
10.	3	–	1	=

	Tuesday			
1.	5	add	3	=
2.	6	+	3	=
3.	7	plus	2	=
4.	3	+	4	=
5.	2	+	5	=
6.	8	–	4	=
7.	8	–	5	=
8.	9	–	4	=
9.	9	subtract	5	=
10.	5	–	1	=

	Wednesday			
1.	6	add	2	=
2.	1	+	6	=
3.	2	plus	7	=
4.	1	+	8	=
5.	3	+	5	=
6.	6	–	2	=
7.	7	–	4	=
8.	9	–	5	=
9.	8	subtract	7	=
10.	7	–	5	=

	Thursday			
1.	5	add	4	=
2.	6	+	2	=
3.	0	plus	9	=
4.	3	+	6	=
5.	2	+	7	=
6.	9	–	5	=
7.	9	–	7	=
8.	9	–	6	=
9.	9	subtract	8	=
10.	9	–	0	=

	Friday			
1.	1	add	3	=
2.	2	+	6	=
3.	1	plus	6	=
4.	2	+	7	=
5.	1	+	7	=
6.	9	–	8	=
7.	8	–	7	=
8.	9	–	5	=
9.	8	subtract	6	=
10.	9	–	7	=

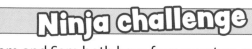

Ninja challenge

Tom and Sam both have four counters **each**. How many counters do they have in **total**?

Arithmetic Ninja 5-6 © Andrew Jennings, 2022

WEEK 6

Monday

1.	10	+	1	=	
2.	10	+	2	=	
3.	10	+	3	=	
4.	10	+	4	=	
5.	10	+	5	=	
6.	11	+	1	=	
7.	11	+	2	=	
8.	11	+	3	=	
9.	11	+	4	=	
10.	11	+	5	=	

Tuesday

1.	12	+	1	=	
2.	12	+	2	=	
3.	12	+	3	=	
4.	12	+	4	=	
5.	12	+	5	=	
6.	13	+	1	=	
7.	13	+	2	=	
8.	13	+	3	=	
9.	13	+	4	=	
10.	13	+	5	=	

Wednesday

1.	14	+	1	=	
2.	14	+	2	=	
3.	14	+	3	=	
4.	14	+	4	=	
5.	14	+	5	=	
6.	15	+	1	=	
7.	15	+	2	=	
8.	15	+	3	=	
9.	15	+	4	=	
10.	15	+	5	=	

Thursday

1.	1	+	1	=	
2.	double	1	is	equal to	
3.	2	+	2	=	
4.	double	2	is	equal to	
5.	3	+	3	=	
6.	double	3	is	equal to	
7.	4	+	4	=	
8.	double	4	is	equal to	
9.	5	+	5	=	
10.	double	5	is	equal to	

Friday

1.	6	+	6	=	
2.	double	6	is	equal to	
3.	7	+	7	=	
4.	double	7	is	equal to	
5.	8	+	8	=	
6.	double	8	is	equal to	
7.	9	+	9	=	
8.	double	9	is	equal to	
9.	10	+	10	=	
10.	double	10	is	equal to	

Ninja challenge

Cho has twelve counters. She **takes away** six counters. How many counters are left?

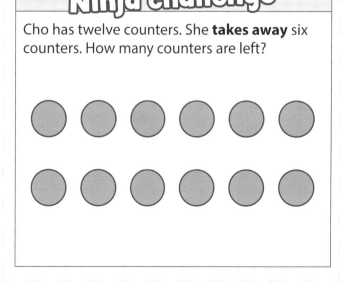

WEEK 6

Monday

1.	12	+		=	19
2.	4+2+1	plus	6	=	
3.		–	7	=	13
4.		=	five	+	14
5.	20	–		=	5
6.		=	6	+	7
7.	5	more than	13	=	
8.	17	–	six	=	
9.	19	=		+	9
10.	11	plus	1+2+3	=	

Tuesday

1.	4	+		=	17
2.	4+3+1	plus	6	=	
3.		–	7	=	8
4.		=	five	+	15
5.	17	–		=	2
6.		=	5	+	7
7.	6	more than	13	=	
8.	15	–	9	=	
9.	17	=		+	9
10.	7	plus	1+2+6	=	

Wednesday

1.	7	+		=	19
2.	3+5+1	plus	9	=	
3.		–	8	=	9
4.		=	five	+	12
5.	20	–		=	7
6.		=	6	+	8
7.	12	more than	3	=	
8.	15	–	12	=	
9.	12	=		+	4
10.	9	plus	1+2+6	=	

Thursday

1.	8	+		=	17
2.	1+3+1	plus	4+9	=	
3.		–	7	=	11
4.		=	nine	+	9
5.	13	–		=	4
6.		=	9	+	10
7.	7	more than	8	=	
8.	18	–	11	=	
9.		=	4	+	15
10.	8	plus	4+2+6	=	

Friday

1.	13	+		=	20
2.	6+3+1	plus	4+6	=	
3.		–	18	=	2
4.		=	2	+	18
5.	20	–		=	18
6.		=	2	+	16
7.	18	more than	2	=	
8.	18	–	2	=	
9.		=	16	+	2
10.	2+2+2	plus	7+2	=	

Ninja challenge

Cho and Sam **each** have nine counters.
How many counters do they have in **total**?

Arithmetic Ninja 5-6 © Andrew Jennings, 2022

Monday

1.	2	+	4	=	
2.	2	+	7	=	
3.	5	more than	1	=	
4.	4	+	3	=	
5.	3	+	3	=	
6.	6	–	6	=	
7.	5	–	1	=	
8.	2	less than	4	=	
9.	5	–	4	=	
10.	3	minus	2	=	

Tuesday

1.	5	+	4	=	
2.	5	+	3	=	
3.	2	more than	7	=	
4.	3	+	4	=	
5.	4	+	3	=	
6.	5	–	2	=	
7.	6	–	3	=	
8.	2	less than	7	=	
9.	7	–	2	=	
10.	6	minus	1	=	

Wednesday

1.	4	+	3	=	
2.	6	+	3	=	
3.	3	more than	5	=	
4.	3	+	6	=	
5.	2	+	3	=	
6.	6	–	3	=	
7.	3	–	2	=	
8.	3	less than	9	=	
9.	8	–	3	=	
10.	7	minus	3	=	

Thursday

1.	4	+	5	=	
2.	4	+	1	=	
3.	4	more than	4	=	
4.	4	+	2	=	
5.	4	+	3	=	
6.	4	–	4	=	
7.	5	–	4	=	
8.	4	less than	6	=	
9.	8	–	4	=	
10.	9	minus	4	=	

Friday

1.	6	+	1	=	
2.	7	+	2	=	
3.	1	more than	4	=	
4.	4	+	5	=	
5.	8	+	1	=	
6.	9	–	2	=	
7.	7	–	3	=	
8.	8	less than	9	=	
9.	9	–	3	=	
10.	8	minus	5	=	

Ninja challenge

Eight counters are on the table. Iko and Tom both **take** two counters **away each**. How many counters are left?

WEEK 7

Monday

1.	10	–	4	=	
2.	10	–	7	=	
3.	10	–	9	=	
4.		+	6	=	10
5.		+	5	=	10
6.		+	2	=	10
7.	14	+	3	=	
8.	18	+	1	=	
9.		is	3	more than	14
10.		is	1	more than	18

Tuesday

1.	10	–	3	=	
2.	10	–	8	=	
3.	10	–	9	=	
4.		+	7	=	10
5.		+	10	=	10
6.		+	6	=	10
7.	15	+	4	=	
8.	13	+	3	=	
9.		is	4	more than	15
10.		is	3	more	13

Wednesday

1.	10	–	5	=	
2.	10	–	1	=	
3.	10	–	4	=	
4.		+	2	=	10
5.		+	7	=	10
6.		+	0	=	10
7.	14	+	3	=	
8.	13	+	4	=	
9.		is	3	more than	14
10.		Is	4	more than	13

Thursday

1.	10	–	1	=	
2.	10	–	6	=	
3.	10	–	7	=	
4.		+	5	=	10
5.		+	8	=	10
6.		+	6	=	10
7.	11	+	5	=	
8.	11	+	6	=	
9.		is	5	more than	11
10.		is	6	more than	11

Friday

1.	10	–	6	=	
2.	10	–	4	=	
3.	10	–	5	=	
4.		+	8	=	10
5.		+	7	=	10
6.		+	6	=	10
7.	14	+	5	=	
8.	13	+	5	=	
9.		is	5	more than	14
10.		is	5	more than	13

Ninja challenge

Cho **adds** nine counters **together** with four counters. How many counters does she have in **total**?

Monday

1.	4	+		=	17
2.	2+3+1	plus	4+9	=	
3.		subtract	9	=	9
4.		=	nine	+	5
5.	20	–		=	6
6.		=	9	+	5
7.	7	less than	13	=	
8.	19	–	11	=	
9.		=	6	+	12
10.	11	more than	4+2	=	

Tuesday

1.	15	+		=	20
2.	10+3+1	plus	4	=	
3.	14	subtract	7	=	
4.		=	nine	+	8
5.	19	–		=	6
6.		=	9	+	4
7.	9	less than	13	=	
8.	18	–	9	=	
9.		=	2	+	10
10.	8+1	more than	8+2	=	

Wednesday

1.	13	+		=	20
2.	9+1+1	plus	8+1	=	
3.	15	subtract	14	=	
4.		=	four	+	12
5.	11	–		=	7
6.		=	three	+	11
7.	19	less than	20	=	
8.	19	–	1	=	
9.		=	2	+	15
10.	8+1+4	more than	7	=	

Thursday

1.	20	+		=	20
2.	10+3+1	plus	0	=	
3.	14	subtract	0	=	
4.		=	nine	+	11
5.	19	–		=	0
6.		=	9	+	9
7.	14	less than	14	=	
8.	18	–	17	=	
9.		=	0	+	0
10.	8+0	more than	8+0	=	

Friday

1.	1	+		=	20
2.	2+3+4	plus	5	=	
3.	19	subtract	2	=	
4.		=	ten	+	3
5.	20	–		=	7
6.		=	7	+	13
7.	13	less than	20	=	
8.	20	–	13	=	
9.		=	3	+	10
10.	13	more than	7	=	

Ninja challenge

Cho and Sam **each** have eleven counters. How many counters do they have in **total**?

WEEK 8

Monday

1.	2	+	7	=	
2.	3	more than	4	=	
3.	1	+	8	=	
4.	2	+	6	=	
5.	3	add	4	=	
6.	8	–	1	=	
7.	9	–	7	=	
8.	7	–	5	=	
9.	3	less than	4	=	
10.	6	–	4	=	

Tuesday

1.	4	+	3	=	
2.	6	more than	3	=	
3.	2	+	7	=	
4.	1	+	5	=	
5.	4	add	4	=	
6.	7	–	4	=	
7.	6	–	3	=	
8.	2	–	1	=	
9.	5	less than	8	=	
10.	9	–	0	=	

Wednesday

1.	6	+	2	=	
2.	5	more than	4	=	
3.	1	+	6	=	
4.	0	+	5	=	
5.	2	add	7	=	
6.	7	–	4	=	
7.	7	–	2	=	
8.	2	–	1	=	
9.	8	less than	9	=	
10.	1	–	1	=	

Thursday

1.	7	+	1	=	
2.	5	more than	2	=	
3.	3	+	1	=	
4.	6	+	1	=	
5.	1	add	8	=	
6.	7	–	1	=	
7.	6	–	1	=	
8.	3	–	1	=	
9.	7	less than	9	=	
10.	9	–	0	=	

Friday

1.	7	+	2	=	
2.	6	more than	3	=	
3.	0	+	9	=	
4.	1	+	8	=	
5.	4	add	5	=	
6.	9	–	1	=	
7.	8	–	3	=	
8.	7	–	2	=	
9.	5	less than	7	=	
10.	6	–	2	=	

Iko has five **more** counters than Tom. Tom has three counters. How many counters does Iko have?

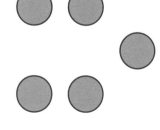

Arithmetic Ninja 5-6 © Andrew Jennings, 2022

Monday

1.	10	=		+	8
2.	10	is	2	more than	
3.	8	+	2	=	
4.	12	+	7	=	
5.	12	+	6	=	
6.		is	7	more than	12
7.		is	6	more than	12
8.	2	+	2	=	
9.	double	2	is equal	to	
10.	2	lots of	2	=	

Tuesday

1.	10	=		+	7
2.	10	is	3	more than	
3.	7	+	3	=	
4.	14	+	3	=	
5.	15	+	3	=	
6.		is	3	more than	14
7.		is	3	more than	15
8.	3	+	3	=	
9.	double	3	is equal	to	
10.	2	lots of	3	=	

Wednesday

1.	10	=		+	4
2.	10	is	4	more than	
3.	6	+	4	=	
4.	12	+	3	=	
5.	12	+	4	=	
6.		is	4	more than	12
7.		is	3	more than	12
8.	4	+	4	=	
9.	double	4	is equal	to	
10.	2	lots of	4	=	

Thursday

1.	10	=		+	9
2.	10	is	9	more than	
3.	1	+	9	=	
4.	13	+	4	=	
5.	13	+	5	=	
6.		is	4	more than	13
7.		is	5	more than	13
8.	5	+	5	=	
9.	double	5	is equal	to	
10.	2	lots of	5	=	

Friday

1.	10	=		+	2
2.	10	is	2	more than	
3.	8	+	2	=	
4.	11	+	4	=	
5.	11	+	5	=	
6.		is	4	more than	11
7.		is	5	more than	11
8.	6	+	6	=	
9.	double	6	is equal	to	
10.	2	lots of	6	=	

Ninja challenge

Taj has fifteen counters. Cho **takes** nine counters **away**. How many are left?

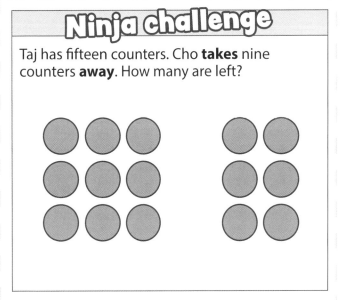

WEEK 8

Monday

1.		more than	6	=	21
2.	15	+	6	=	
3.	5	less than	21	=	
4.		=	ten	+	12
5.	21	–		=	10
6.	22	=		+	13
7.	21	minus	7	=	
8.		–	10	=	11
9.		=	twelve	+	10
10.	4	+	16	=	

Tuesday

1.		more than	2	=	21
2.	14	+	7	=	
3.	10	less than	21	=	
4.		=	nine	+	14
5.	15	–		=	4
6.	23	=		+	4
7.	21	minus	4	=	
8.		–	18	=	2
9.		=	fifteen	+	8
10.	9	+	12	=	

Wednesday

1.		more than	7	=	21
2.	15	+	7	=	
3.	5	less than	21	=	
4.		=	eight	+	15
5.	17	–		=	8
6.	24	=		+	19
7.	22	minus	6	=	
8.	21	–	3	=	
9.		=	six	+	15
10.	3	+	19	=	

Thursday

1.		more than	16	=	21
2.	21	+	1	=	
3.	7	less than	22	=	
4.		=	eight	+	11
5.	23	–		=	21
6.	21	=		+	20
7.	23	minus	4	=	
8.	20	–	10	=	
9.		=	2	+	20
10.	2	+	20	=	

Friday

1.		more than	1	=	21
2.	13	+	8	=	
3.	11	less than	20	=	
4.		=	18	+	three
5.	23	–		=	18
6.	21	=		+	19
7.	23	minus	6	=	
8.	21	–	three	=	
9.		=	six	+	12
10.	9	+	14	=	

Ninja challenge

Tom **takes** eight counters **away** from Sam. Sam had seventeen counters. How many counters does Sam have now?

Arithmetic Ninja 5-6 © Andrew Jennings, 2022

WEEK 9

Monday				
1.	4	+	6	=
2.	2	+	8	=
3.	3	+	7	=
4.	4	+	6	=
5.	6	+	4	=
6.	10	–	6	=
7.	10	–	4	=
8.	10	–	3	=
9.	10	–	7	=
10.	10	–	5	=

Tuesday				
1.	1	+	9	=
2.	3	+	7	=
3.	5	+	5	=
4.	7	+	3	=
5.	9	+	1	=
6.	10	–	4	=
7.	10	–	6	=
8.	10	–	8	=
9.	10	–	2	=
10.	10	–	5	=

Wednesday				
1.	2	+	8	=
2.	4	+	6	=
3.	6	+	4	=
4.	8	+	2	=
5.	10	+	0	=
6.	10	–	9	=
7.	10	–	1	=
8.	10	–	3	=
9.	10	–	7	=
10.	10	–	0	=

Thursday				
1.	7	+	3	=
2.	6	+	four	=
3.	5	+	5	=
4.	4	+	6	=
5.	3	+	7	=
6.	ten	–	0	=
7.	10	–	1	=
8.	10	–	3	=
9.	ten	–	5	=
10.	10	–	10	=

Friday				
1.	4	+	4	=
2.	2	+	2	=
3.	3	+	3	=
4.	1	+	1	=
5.	5	+	5	=
6.	10	–	9	=
7.	8	–	7	=
8.	4	–	3	=
9.	5	–	4	=
10.	6	–	5	=

Ninja challenge

In one group, Sam has four coins. In the other group, Sam has 6 coins. How many coins does Sam have in **total**?

Monday

1.	10	=		+	4
2.	10	is	4	more than	
3.	6	+	4	=	
4.	10	+	4	=	
5.	10	+	5	=	
6.		is	4	more than	10
7.		is	5	more than	10
8.	7	+	7	=	
9.	double	7	is equal	to	
10.	2	lots of	7	=	

Tuesday

1.	10	=		+	6
2.	10	is	6	more than	
3.	4	+	6	=	
4.	14	+	4	=	
5.	14	+	5	=	
6.		is	4	more than	14
7.		is	5	more than	14
8.	8	+	8	=	
9.	double	8	is equal	to	
10.	2	lots of	8	=	

Wednesday

1.	10	=		+	1
2.	10	is	1	more than	
3.	9	+	1	=	
4.	9	+	6	=	
5.	9	+	7	=	
6.		is	6	more than	9
7.		is	7	more than	9
8.	9	+	9	=	
9.	double	9	is equal	to	
10.	2	lots of	9	=	

Thursday

1.	10	=		+	9
2.	10	is	9	more than	
3.	1	+	9	=	
4.	8	+	6	=	
5.	8	+	7	=	
6.		is	6	more than	8
7.		is	7	more than	8
8.	10	+	10	=	
9.	double	10	is equal	to	
10.	2	lots of	10	=	

Friday

1.	10	=		+	7
2.	10	is	7	more than	
3.	3	+	7	=	
4.	7	+	5	=	
5.	7	+	6	=	
6.		is	5	more than	7
7.		is	6	more than	7
8.	1	+	1	=	
9.	double	1	is equal	to	
10.	2	lots of	1	=	

Ninja challenge

Cho had twelve counters, but now she only has three. How many counters have been **taken away**?

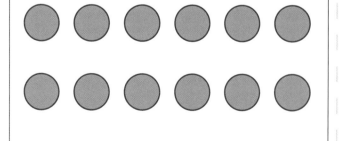

Monday

1.		more than	1	=	21
2.	13	+		=	21
3.	11	less than	20	=	
4.		=	18	+	three
5.	23	–	5	=	
6.	21	=	2	+	
7.		minus	6	=	17
8.	21	–	three	=	
9.		=	six	+	12
10.	9	+		=	23

Tuesday

1.		more than	10	=	25
2.	13	+		=	25
3.	9	less than	20	=	
4.		=	11	+	ten
5.	21	–	7	=	
6.	20	=	2	+	
7.		minus	6	=	19
8.	23	–	four	=	
9.		=	six	+	14
10.	4	+		=	18

Wednesday

1.		more than	5	=	18
2.	12	+		=	19
3.	13	less than	20	=	
4.		=	10	+	fifteen
5.	15	–	7	=	
6.	21	=	10	+	
7.		minus	7	=	9
8.	15	–	6	=	
9.		=	ten	+	15
10.	19	+		=	21

Thursday

1.		more than	5	=	24
2.	19	+	3	=	
3.	10	less than	20	=	
4.		=	10	+	ten
5.	20	–	19	=	
6.	19	=	10	+	
7.		minus	7	=	13
8.	18	–	6	=	
9.		=	eleven	+	7
10.	20	+		=	22

Friday

1.		more than	10	=	22
2.	17	+		=	20
3.	20	less than	20	=	
4.		=	8	+	thirteen
5.	14	–	11	=	
6.	23	=	11	+	
7.		minus	7	=	11
8.	18	–	6	=	
9.		=	eighteen	+	2
10.	2	+		=	20

Ninja challenge

Sam collects five counters and then two **more**. Tom collects four counters then four **more**. Who has the most counters?

WEEK 10

Monday

1.	10	–	5	=	
2.	10	–	8	=	
3.	10	–	3	=	
4.	10	–	4	=	
5.	10	–	9	=	
6.	6	+	4	=	
7.	4	+	6	=	
8.	5	+	5	=	
9.	3	+	7	=	
10.	1	+	9	=	

Tuesday

1.	6	+		=	10
2.	4	+		=	10
3.	5	+		=	10
4.	0	+		=	10
5.	10	+		=	10
6.	7	+		=	10
7.	3	+		=	10
8.	8	+		=	10
9.	2	+		=	10
10.	9	+		=	10

Wednesday

1.		+	4	=	10
2.		+	6	=	10
3.		+	5	=	10
4.		+	10	=	10
5.		+	0	=	10
6.		+	3	=	10
7.		+	7	=	10
8.		+	2	=	10
9.		+	8	=	10
10.		+	1	=	10

Thursday

1.	6	+		=	10
2.	4	+		=	10
3.	5	+		=	10
4.	0	+		=	10
5.	10	+		=	10
6.	7	+		=	10
7.	3	+		=	10
8.	8	+		=	10
9.	2	+		=	10
10.	9	+		=	10

Friday

1.		+	4	=	10
2.		+	6	=	10
3.		+	5	=	10
4.		+	10	=	10
5.		+	0	=	10
6.		+	3	=	10
7.		+	7	=	10
8.		+	2	=	10
9.		+	8	=	10
10.		+	1	=	10

Ninja challenge

There are ten counters on the table. Cho **takes** six counters **away**. How many counters are left on the table?

Monday

1.	17	–	1	=	
2.	17	–	2	=	
3.	17	–	3	=	
4.	17	–	4	=	
5.	17	–	5	=	
6.		is	1	less than	17
7.		is	2	less than	17
8.		is	3	less than	17
9.		is	4	less than	17
10.		is	5	less than	17

Tuesday

1.	18	–	1	=	
2.	18	–	2	=	
3.	18	–	3	=	
4.	18	–	4	=	
5.	18	–	5	=	
6.		is	1	less than	18
7.		is	2	less than	18
8.		is	3	less than	18
9.		is	4	less than	18
10.		is	5	less than	18

Wednesday

1.	16	–	1	=	
2.	16	–	2	=	
3.	16	–	3	=	
4.	16	–	4	=	
5.	16	–	5	=	
6.		is	1	less than	16
7.		is	2	less than	16
8.		is	3	less than	16
9.		is	4	less than	16
10.		is	5	less than	16

Thursday

1.	15	–	1	=	
2.	15	–	2	=	
3.	15	–	3	=	
4.	15	–	4	=	
5.	15	–	5	=	
6.		is	1	less than	15
7.		is	2	less than	15
8.		is	3	less than	15
9.		is	4	less than	15
10.		is	5	less than	15

Friday

1.	14	–	1	=	
2.	14	–	2	=	
3.	14	–	3	=	
4.	14	–	4	=	
5.	14	–	5	=	
6.		is	1	less than	14
7.		is	2	less than	14
8.		is	3	less than	14
9.		is	4	less than	14
10.		is	5	less than	14

Ninja challenge

Iko has five sets of two counters. How many counters does Iko have in **total**?

WEEK 10

Monday

1.		more than	5	=	14
2.	9	+	6	=	
3.	9	less than	20	=	
4.		=	9	+	nine
5.	20	–	9	=	
6.	19	=	10	+	
7.		minus	9	=	11
8.	18	–	9	=	
9.		=	nine	+	9
10.	9	+		=	11

Tuesday

1.		more than	5	=	15
2.	10	+	6	=	
3.	10	less than	20	=	
4.		=	9	+	one
5.	18	–	10	=	
6.	10	=	10	+	
7.		minus	10	=	10
8.	20	–	0	=	
9.		=	1	+	9
10.	9	+		=	21

Wednesday

1.	10	more than		=	15
2.	10	=		+	9
3.	10	+	6	=	
4.		less than	20	=	10
5.		=	9	+	one
6.		–	10	=	8
7.	20	–	0	=	
8.	10	=	10	+	
9.	20	minus		=	10
10.	9	+		=	21

Thursday

1.		more than	3	=	20
2.	3	+	17	=	
3.	17	less than	20	=	
4.		=	17	+	three
5.	20	–	3	=	
6.	20	=	3	+	
7.		minus	17	=	3
8.	20	–	3	=	
9.		=	17	+	3
10.	3	+		=	20

Friday

1.		more than	4	=	20
2.	4	+	16	=	
3.	16	less than		=	4
4.		=	16	+	four
5.	20	–	4	=	
6.	20	=	4	+	
7.		minus	16	=	4
8.	20	–	4	=	
9.		=	16	+	4
10.	4	+		=	20

Ninja challenge

Iko has thirteen **fewer** counters than Tom. Tom has twenty counters. How many counters does Iko have?

Arithmetic Ninja 5-6 © Andrew Jennings, 2022

Monday

1.	10	–	3	=
2.	10	–	6	=
3.	10	–	7	=
4.	10	–	4	=
5.	10	–	5	=
6.	10	–	9	=
7.	10	–	1	=
8.	10	–	8	=
9.	10	–	2	=
10.	10	–	10	=

Tuesday

1.	10	–		= 7
2.	10	–		= 4
3.	10	–		= 3
4.	10	–		= 6
5.	10	–		= 5
6.	10	–		= 1
7.	10	–		= 9
8.	10	–		= 2
9.	10	–		= 8
10.	10	–		= 0

Wednesday

1.	10	–	3	=
2.	10	–	6	=
3.	10	–	7	=
4.	10	–	4	=
5.	10	–	5	=
6.	10	–	9	=
7.	10	–	1	=
8.	10	–	8	=
9.	10	–	2	=
10.	10	–	10	=

Thursday

1.	10	–		= 7
2.	10	–		= 4
3.	10	–		= 3
4.	10	–		= 6
5.	10	–		= 5
6.	10			= 1
7.	10	–		= 9
8.	10	–		= 2
9.	10	–		= 8
10.	10	–		= 0

Friday

1.	10	–	5	=
2.	10	–	2	=
3.	10	–	6	=
4.	10	–	4	=
5.	10	–	9	=
6.	10	–	1	=
7.	10	–	10	=
8.	10	–	0	=
9.	10	–	7	=
10.	10	–	3	=

Ninja challenge

Sam started with ten counters. Some counters were **taken away**. Sam only has seven counters. How many counters were taken?

Monday

1.	10	=		+	7
2.	10	=		+	6
3.	10	–	3	=	
4.	10	–	4	=	
5.	16	–	4	=	
6.	17	–	4	=	
7.	18	–	4	=	
8.	1	+	1	=	
9.	double	1	is equal	to	
10.	2	lots of	1	is equal to	

Tuesday

1.	10	=		+	4
2.	10	=		+	8
3.	10	–	6	=	
4.	10	–	2	=	
5.	16	–	2	=	
6.	17	–	2	=	
7.	18	–	2	=	
8.	2	+	2	=	
9.	double	2	is equal	to	
10.	2	lots of	2	is equal to	

Wednesday

1.	10	=		+	1
2.	10	=		+	7
3.	10	–	9	=	
4.	10	–	3	=	
5.	14	–	3	=	
6.	15	–	3	=	
7.	16	–	3	=	
8.	3	+	3	=	
9.	double	3	is equal	to	
10.	2	lots of	3	is equal to	

Thursday

1.	10	=		+	10
2.	10	=		+	5
3.	10	–	0	=	
4.	10	–	5	=	
5.	17	–	5	=	
6.	16	–	5	=	
7.	15	–	5	=	
8.	4	+	4	=	
9.	double	4	is equal	to	
10.	2	lots of	4	is equal to	

Friday

1.	10	=		+	7
2.	10	=		+	6
3.	10	–	9	=	
4.	10	–	1	=	
5.	16	–	3	=	
6.	15	–	3	=	
7.	14	–	3	=	
8.	5	+	5	=	
9.	double	5	is equal	to	
10.	2	lots of	5	is equal to	

Ninja challenge

Tom has nine counters and **shares** them into three equal groups. How many counters are in each group?

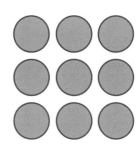

Monday

1.		more than	7	=	20
2.	7	+	13	=	
3.	13	less than	20	=	
4.		=	13	+	seven
5.	20	–	7	=	
6.	20	=	7	+	
7.		minus	13	=	7
8.	20	–	7	=	
9.		=	13	+	7
10.	7	+		=	20

Tuesday

1.		more than	9	=	20
2.	9	+	11	=	
3.	11	less than	20	=	
4.		=	11	+	nine
5.	20	–	9	=	
6.	20	=	11	+	
7.		minus	9	=	11
8.	20	–	11	=	
9.		=	9	+	11
10.	11	+		=	20

Wednesday

1.		more than	8	=	20
2.	8	+	12	=	
3.	12	less than	20	=	
4.		=	12	+	eight
5.	20	–	8	=	
6.	20	=	12	+	
7.		minus	8	=	12
8.	20	–	12	=	
9.		=	12	+	8
10.	8	+		=	20

Thursday

1.		more than	6	=	20
2.	6	+	14	=	
3.	14	less than	20	=	
4.		=	14	+	six
5.	20	–	6	=	
6.	20	=	14	+	
7.		minus	14	=	6
8.	20	–	6	=	
9.		=	14	+	6
10.	6	+		=	20

Friday

1.		more than	5	=	20
2.	5	+	15	=	
3.	15	less than	20	=	
4.		=	15	+	five
5.	20	–	5	=	
6.	20	=	15	+	
7.		minus	15	=	5
8.	20	–	5	=	
9.		=	15	+	5
10.	5	+		=	20

Ninja challenge

Sam has fifteen **more** counters than Iko.
Iko has five counters. How many counters does
Sam have?

WEEK 12

Monday

1.	4	+		=	10
2.	7	+		=	10
3.	5	+		=	10
4.	1	+		=	10
5.	10	+		=	10
6.	10	–	6	=	
7.	10	–	3	=	
8.	10	–	7	=	
9.	10	–	5	=	
10.	10	–	10	=	

Tuesday

1.	1	+		=	10
2.	7	+		=	10
3.	5	+		=	10
4.	4	+		=	10
5.	2	+		=	10
6.	10	–	7	=	
7.	10	–	1	=	
8.	10	–	8	=	
9.	10	–	6	=	
10.	10	–	2	=	

Wednesday

1.	5	+		=	10
2.	9	+		=	10
3.	4	+		=	10
4.	6	+		=	10
5.	3	+		=	10
6.	10	–	4	=	
7.	10	–	5	=	
8.	10	–	9	=	
9.	10	–	7	=	
10.	10	–	1	=	

Thursday

1.		+	6	=	10
2.		+	3	=	10
3.		+	5	=	10
4.		+	9	=	10
5.		+	0	=	10
6.	10	–		=	4
7.	10	–		=	7
8.	10	–		=	3
9.	10	–		=	5
10.	10	–		=	0

Friday

1.	10	+		=	10
2.	3	+		=	10
3.	1	+		=	10
4.	4	+		=	10
5.	0	+		=	10
6.	10	–	1	=	
7.	10	–	3	=	
8.	10	–	9	=	
9.	10	–	5	=	
10.	10	–	2	=	

Ninja challenge

Sam has three counters and four counters.
Iko has two counters and six counters.
Who has **more** counters? Sam or Iko?

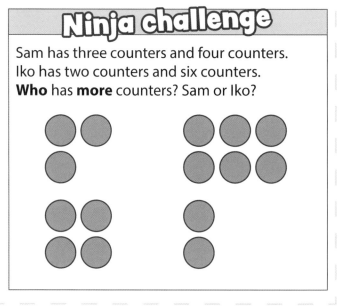

Monday

1.	10	=		+	7
2.		add	3	=	10
3.	6	+	5	=	
4.	11	subtract	6	=	
5.	11	–	5	=	
6.	11	–	4	=	
7.	11	–	3	=	
8.	6	+	6	=	
9.	double	6	is equal	to	
10.	2	lots of	6	is equal to	

Tuesday

1.	10	=		+	4
2.		+	6	=	10
3.	6	+	7	=	
4.	13	–	7	=	
5.	13	–	8	=	
6.	13	–	9	=	
7.	13	–	10	=	
8.	7	+	7	=	
9.	double	7	is equal	to	
10.	2	lots of	7	is equal to	

Wednesday

1.	10	=		+	1
2.		+	9	=	10
3.	4	+	8	=	
4.	12	–	8	=	
5.	12	–	7	=	
6.	12	–	6	=	
7.	12	–	5	=	
8.	8	+	8	=	
9.	double	8	is equal	to	
10.	2	lots of	8	is equal to	

Thursday

1.	10	=		+	8
2.		+	2	=	10
3.	7	+	9	=	
4.	16	–	9	=	
5.	16	–	8	=	
6.	16	–	7	=	
7.	16	–	6	=	
8.	9	+	9	=	
9.	double	9	is equal	to	
10.	2	lots of	9	is equal to	

Friday

1.	10	=		+	5
2.		+	5	=	10
3.	11	+	4	=	
4.	15	–	4	=	
5.	15	–	5	=	
6.	15	–	6	=	
7.	15	–	7	=	
8.	10	+	10	=	
9.	double	10	is equal	to	
10.	2	lots of	10	is equal to	

Ninja challenge

Cho has sixteen counters and **shares** them into two equal groups. How many counters are in each group?

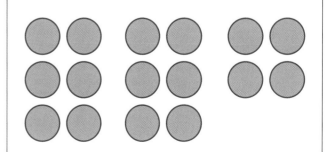

WEEK 12

Monday

1.	16	=		+	eight
2.	11	more than	5	=	
3.	20	–		=	7
4.		=	nine	+	9
5.		less than	20	=	6
6.	15	+	4	=	
7.	19	–		=	5
8.		plus	4	=	18
9.	12	+	8	=	
10.	20	–	8	=	

Tuesday

1.	22	=		+	eleven
2.	11	more than	7	=	
3.	20	–		=	1
4.		=	nine	+	13
5.		less than	22	=	11
6.	17	+	4	=	
7.	21	–		=	4
8.		plus	4	=	22
9.	17	+	five	=	
10.	22	–	5	=	

Wednesday

1.	24	=		+	eleven
2.	12	more than	7	=	
3.	21	–		=	11
4.		=	ten	+	13
5.		less than	22	=	8
6.	14	+	4	=	
7.	23	–		=	6
8.	12	plus		=	19
9.	15	+	six	=	
10.	21	–	6	=	

Thursday

1.	20	=		+	seven
2.	9	more than	7	=	
3.	17	–		=	8
4.		=	fourteen	+	7
5.		less than	20	=	5
6.	19	+	4	=	
7.	22	–		=	11
8.	17	plus		=	22
9.	16	+	six	=	
10.	22	–	6	=	

Friday

1.	22	=		+	seven
2.	11	more than	7	=	
3.	21	–		=	7
4.		=	fourteen	+	9
5.		less than	20	=	1
6.	19	+	2	=	
7.	17	–		=	8
8.	14	plus		=	19
9.	25	+	zero	=	
10.	25	–	0	=	

Ninja challenge

Tom, Iko, Cho and Sam have five counters **each**.
How many counters do they have **altogether**?

Monday

1.	4	+	7	=	
2.	3	+	8	=	
3.	7	+	5	=	
4.	1	+	9	=	
5.	2	+	9	=	
6.	5	+	6	=	
7.	9	+	2	=	
8.	7	+	4	=	
9.	8	+	3	=	
10.	3	+	8	=	

Tuesday

1.	5	+	7	=	
2.	4	+	8	=	
3.	7	+	5	=	
4.	2	+	9	=	
5.	3	+	9	=	
6.	6	+	6	=	
7.	8	+	2	=	
8.	8	+	4	=	
9.	7	+	3	=	
10.	4	+	8	=	

Wednesday

1.	5	+	6	=	
2.	4	+	8	=	
3.	7	+	4	=	
4.	2	+	9	=	
5.	3	+	9	=	
6.	6	+	5	=	
7.	8	+	2	=	
8.	8	+	3	=	
9.	7	+	3	=	
10.	4	+	7	=	

Thursday

1.	6	+	7	=	
2.	3	+	8	=	
3.	7	+	6	=	
4.	3	+	9	=	
5.	4	+	9	=	
6.	7	+	6	=	
7.	8	+	3	=	
8.	8	+	5	=	
9.	7	+	4	=	
10.	4	+	9	=	

Friday

1.	5	+	8	=	
2.	4	+	6	=	
3.	7	+	6	=	
4.	4	+	9	=	
5.	5	+	9	=	
6.	8	+	6	=	
7.	8	+	4	=	
8.	8	+	5	=	
9.	9	+	3	=	
10.	4	+	9	=	

Ninja challenge

Tom had eleven counters. Tom **drops** some counters on the floor. Tom now has five counters. How many counters did Tom drop?

	Monday				
1.	0	+		=	20
2.	1	+		=	20
3.	2	+		=	20
4.	3	+		=	20
5.	4	+		=	20
6.	5	+		=	20
7.	6	+		=	20
8.	7	+		=	20
9.	8	+		=	20
10.	9	+		=	20

	Tuesday				
1.	10	+		=	20
2.	11	+		=	20
3.	12	+		=	20
4.	13	+		=	20
5.	14	+		=	20
6.	15	+		=	20
7.	16	+		=	20
8.	17	+		=	20
9.	18	+		=	20
10.	19	+		=	20

	Wednesday				
1.	1	+		=	20
2.	5	+		=	20
3.	13	+		=	20
4.	7	+		=	20
5.	6	+		=	20
6.	4	+		=	20
7.	19	+		=	20
8.	20	+		=	20
9.	16	+		=	20
10.	8	+		=	20

	Thursday				
1.	4	+		=	20
2.	15	+		=	20
3.	1	+		=	20
4.	3	+		=	20
5.	6	+		=	20
6.	12	+		=	20
7.	8	+		=	20
8.	5	+		=	20
9.	7	+		=	20
10.	13	+		=	20

	Friday				
1.	7	+		=	20
2.	20	+		=	20
3.	4	+		=	20
4.	0	+		=	20
5.	1	+		=	20
6.	15	+		=	20
7.	6	+		=	20
8.	12	+		=	20
9.	8	+		=	20
10.	3	+		=	20

ninja challenge

Iko has six groups of five counters. How many counters does she have in **total**?

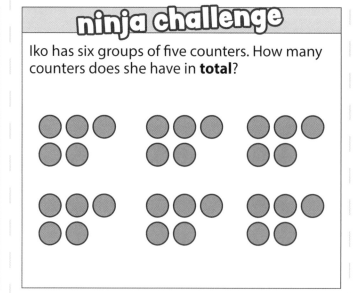

WEEK 13

Monday

1.	17	more than	6	=	
2.	20	=	5	+	
3.	12	less than		=	8
4.	22	=	11	+	
5.		add	7	=	21
6.	3	=		–	17
7.	twenty	minus		=	16
8.	six	plus	five	=	
9.		–	14	=	7
10.	24	–		=	12

Tuesday

1.	13	more than	9	=	
2.	23	=	7	+	
3.	14	less than		=	6
4.	24	=	11	+	
5.		add	8	=	23
6.	4	=		–	17
7.	19	minus		=	6
8.	nine	plus	eleven	=	
9.		–	14	=	8
10.	21	–		=	2

Wednesday

1.	17	more than		=	23
2.		=	5	+	15
3.		less than	20	=	8
4.	22	=		+	11
5.	14	add	7	=	
6.	3	=	20	–	
7.	twenty	minus	4	=	
8.	six	plus	seven	=	
9.	21	–		=	7
10.	24	–	12	=	

Thursday

1.	18	more than		=	22
2.		=	6	+	14
3.		less than	19	=	7
4.	21	=		+	10
5.	15	add	6	=	
6.	2	=	19	–	
7.	twenty	minus	5	=	
8.	five	plus	seven	=	
9.	22	–		=	8
10.	25	–	12	=	

Friday

1.		more than	6	=	22
2.	20	=	6	+	
3.	12	less than		=	7
4.		=	11	+	10
5.	15	add		=	21
6.		=	19	–	17
7.	twenty	minus		=	15
8.	ten	plus	seven	=	
9.	25	–		=	11
10.		–	12	=	13

Ninja challenge

Sam has seventeen **fewer** counters than Tom. Tom has twenty counters. How many counters does Sam have?

WEEK 14

Monday

1.	4	+		=	11
2.	3	+		=	11
3.	7	+		=	12
4.	1	+		=	10
5.	2	+		=	11
6.	5	+		=	11
7.	9	+		=	11
8.	7	+		=	11
9.	8	+		=	11
10.	3	+		=	11

Tuesday

1.	5	+		=	12
2.	4	+		=	12
3.	7	+		=	12
4.	2	+		=	11
5.	3	+		=	12
6.	6	+		=	12
7.	8	+		=	10
8.	8	+		=	12
9.	7	+		=	10
10.	4	+		=	12

Wednesday

1.	5	+		=	11
2.	4	+		=	12
3.	7	+		=	11
4.	2	+		=	11
5.	3	+		=	12
6.	6	+		=	11
7.	8	+		=	10
8.	8	+		=	11
9.	7	+		=	10
10.	4	+		=	11

Thursday

1.	6	+		=	13
2.	3	+		=	11
3.	7	+		=	13
4.	3	+		=	12
5.	4	+		=	13
6.	7	+		=	13
7.	8	+		=	11
8.	8	+		=	13
9.	7	+		=	11
10.	4	+		=	13

Friday

1.	5	+		=	13
2.	4	+		=	10
3.	7	+		=	13
4.	4	+		=	13
5.	5	+		=	14
6.	8	+		=	14
7.	8	+		=	12
8.	8	+		=	13
9.	9	+		=	12
10.	4	+		=	13

Ninja challenge

Tom has six counters and Sam has seven counters. How many counters do they have **altogether**?

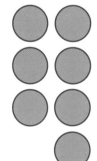

Arithmetic Ninja 5-6 © Andrew Jennings, 2022

Monday

1.	1	+		=	20
2.	18	+		=	20
3.	3	+		=	20
4.	17	–	4	=	
5.		=	17	–	4
6.	17	–		=	13
7.	1	lot of	2	is equal to	
8.	2	lots of	2	is equal to	
9.	3	lots of	2	is equal to	
10.	4	lots of	2	is equal to	

Tuesday

1.	4	+		=	20
2.	15	+		=	20
3.	6	+		=	20
4.	14	–	9	=	
5.		=	14	–	9
6.	14	–		=	5
7.	5	lots of	2	is equal to	
8.	6	lots of	2	is equal to	
9.	7	lots of	2	is equal to	
10.	8	lots of	2	is equal to	

Wednesday

1.	7	+		=	20
2.	12	+		=	20
3.	9	+		=	20
4.	11	–	5	=	
5.		=	11	–	6
6.	11	–		=	6
7.	9	lots of	2	is equal to	
8.	10	lots of	2	is equal to	
9.	11	lots of	2	is equal to	
10.	12	lots of	2	is equal to	

Thursday

1.	10	+		=	20
2.	9	+		=	20
3.	12	+		=	20
4.	12	–	7	=	
5.		=	12	–	5
6.	12	–		=	5
7.	double	1	is equal	to	
8.	double	2	is equal	to	
9.	double	3	is equal	to	
10.	double	4	is equal	to	

Friday

1.	13	+		=	20
2.	6	+		=	20
3.	15	+		=	20
4.	15	–	6	=	
5.		=	15	–	9
6.	15	–		=	9
7.	double	5	is equal	to	
8.	double	6	is equal	to	
9.	double	7	is equal	to	
10.	double	8	is equal	to	

Ninja challenge

Cho makes seven **groups**, each with two counters in. How many counters does Cho have in **total**?

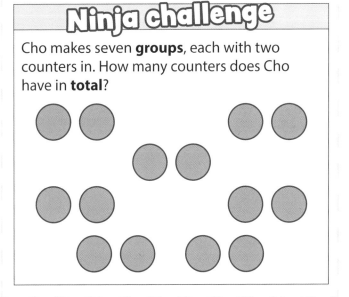

WEEK 14

Monday

1.	9	+		=	25
2.	19	=	24	–	
3.		more than	19	=	24
4.	16	+	9	=	
5.	24	–		=	19
6.	5	less than	24	=	
7.		=	10	+	14
8.	14	plus	10	=	
9.		=	25	–	11
10.	25	minus	16	=	

Tuesday

1.		+	16	=	25
2.	19	=		–	5
3.	5	more than		=	24
4.		+	9	=	25
5.		–	5	=	19
6.	5	less than		=	19
7.	24	=		+	14
8.	14	plus		=	24
9.	14	=		–	11
10.	25	minus		=	9

Wednesday

1.	10	+		=	26
2.	20	=	24	–	
3.		more than	19	=	25
4.	17	+	9	=	
5.	24	–		=	18
6.	6	less than	24	=	
7.		=	10	+	13
8.	9	plus	12	=	
9.		=	26	–	11
10.	24	minus	16	=	

Thursday

1.	5+5	+		=	26
2.	10+10	=	24	–	
3.		more than	10+9	=	25
4.	10+7	+	9	=	
5.	24	–		=	18
6.	6	less than	24	=	
7.		=	10	+	13
8.	9	plus	10+2	=	
9.		=	26	–	11
10.	24	minus	16	=	

Friday

1.	5+5	+	16	=	
2.	10+10	=		–	4
3.	6	more than	10+9	=	
4.	10+7	+		=	26
5.	24	–	6	=	
6.		less than	24	=	18
7.	23	=		+	13
8.		plus	10+2	=	21
9.	15	=	26	–	
10.	24	minus		=	8

Ninja challenge

Iko collects five counters and then six **more**.
Cho collects seven counters then eight **more**.
Who has the most counters?

Monday

1.	12	–	4	=	
2.	11	–	0	=	
3.	10	–	2	=	
4.	11	–	3	=	
5.	12	–	2	=	
6.	11	–	1	=	
7.	10	–	3	=	
8.	11	–	4	=	
9.	12	–	1	=	
10.	11	–	2	=	

Tuesday

1.	12	–	3	=	
2.	11	–	2	=	
3.	10	–	3	=	
4.	11	–	1	=	
5.	12	–	2	=	
6.	11	–	3	=	
7.	10	–	4	=	
8.	11	–	4	=	
9.	12	–	4	=	
10.	11	–	0	=	

Wednesday

1.	12	–		=	8
2.	11	–		=	11
3.	10	–		=	8
4.	11	–		=	8
5.	12	–		=	10
6.	11	–		=	10
7.	10	–		=	7
8.	11	–		=	7
9.	12	–		=	11
10.	11	–		=	9

Thursday

1.	12	–		=	9
2.	11	–		=	9
3.	10	–		=	7
4.	11	–		=	10
5.	12	–		=	10
6.	11	–		=	8
7.	10	–		=	6
8.	11	–		=	7
9.	12	–		=	8
10.	11	–		=	11

Friday

1.	13	–	5	=	
2.	12	–	6	=	
3.	13	–	4	=	
4.	12	–	1	=	
5.	12	–	2	=	
6.	13	–	3	=	
7.	11	–	0	=	
8.	12	–	10	=	
9.	13	–	10	=	
10.	11	–	10	=	

Ninja challenge

Cho had 12 counters. Tom **takes** three counters and Sam **takes** two counters. How many counters does Cho have **left**?

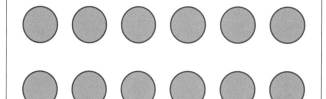

WEEK 15

Monday

1.	double	1	is equal	to	
2.	half of	2	is equal	to	
3.	1	is	half	of	
4.		–	4	=	12
5.		–	4	=	13
6.		–	4	=	14
7.	20	+	1	=	
8.	23	+	1	=	
9.	5	+	5	=	
10.	2	lots of	5	is equal to	

Tuesday

1.	double	2	is equal	to	
2.	half of	4	is equal	to	
3.	2	is	half	of	
4.		–	6	=	9
5.		–	6	=	10
6.		–	6	=	11
7.	24	+	1	=	
8.	26	+	1	=	
9.	10	+	5	=	
10.	3	lots of	5	is equal to	

Wednesday

1.	double	3	is equal	to	
2.	half of	6	is equal	to	
3.	3	is	half	of	
4.		–	4	=	4
5.		–	4	=	5
6.		–	4	=	6
7.	28	+	1	=	
8.	31	+	1	=	
9.	15	+	5	=	
10.	4	lots of	5	is equal to	

Thursday

1.	double	4	is equal	to	
2.	half of	8	is equal	to	
3.	4	is	half	of	
4.		–	4	=	11
5.		–	4	=	12
6.		–	4	=	13
7.	32	+	1	=	
8.	34	+	1	=	
9.	20	+	5	=	
10.	5	lots of	5	is equal to	

Friday

1.	double	5	is equal	to	
2.	half of	10	is equal	to	
3.	5	is	half	of	
4.		–	5	=	12
5.		–	5	=	13
6.		–	5	=	14
7.	33	+	1	=	
8.	36	+	1	=	
9.	25	+	5	=	
10.	6	lots of	5	is equal to	

Ninja challenge

Tom **shares** 15 counters into five equal groups. How many counters are in each group?

Arithmetic Ninja 5-6 © Andrew Jennings, 2022

Monday

1.	40	=		+	20
2.	20	more than	20	=	
3.	40	−		=	30
4.	5+5	+	20	=	
5.	20	less than		=	20
6.	30	plus	5+5	=	
7.	30	=		−	10
8.	5+10	+	20+5	=	
9.	30	−		=	10
10.	40	minus	30	=	

Tuesday

1.	40	=	20	+	
2.	20	more than		=	40
3.		−	10	=	30
4.	5+5	+		=	30
5.		less than	40	=	20
6.		plus	5+5	=	40
7.		=	40	−	10
8.	5+5	+	5+5	=	
9.		−	20	=	10
10.		minus	20	=	20

Wednesday

1.	45	=	20+5	+	
2.	25	more than		=	45
3.		−	10	=	35
4.	5+5	+		=	40
5.		less than	40	=	5
6.		plus	10+5	=	40
7.		=	35	−	10
8.	5+10	+	10+5	=	
9.		−	20	=	15
10.		minus	25	=	20

Thursday

1.		=	20+5	+	20
2.	25	more than	20	=	
3.	45	−		=	35
4.	5+5	+	30	=	
5.	35	less than		=	5
6.	25	plus	10+5	=	
7.	25	=		−	10
8.	15+10	+	5+5	=	
9.	45	−	20	=	
10.		minus	30	=	10

Friday

1.		=	10+5	+	20
2.	35	more than		=	55
3.		−	10	=	5
4.	5+5	+	30+5	=	
5.		less than	50	=	15
6.	35	plus	10+5	=	
7.	35	=	35	−	
8.	20+10	+	10+5	=	
9.		−	15	=	30
10.	45	minus	20	=	

Ninja challenge

Cho has twelve **more** counters than Iko. Iko has six counters. How many counters does Cho have?

WEEK 16

Monday

1.	1	+	1	=	
2.	2	+	2	=	
3.	3	+	3	=	
4.	4	+	4	=	
5.	5	+	5	=	
6.	10	+	1	=	
7.	10	+	2	=	
8.	10	+	3	=	
9.	10	+	4	=	
10.	10	+	5	=	

Tuesday

1.	2	+	2	=	
2.	1	+	1	=	
3.	4	+	4	=	
4.	3	+	3	=	
5.	5	+	5	=	
6.	10	+	4	=	
7.	10	+	2	=	
8.	10	+	3	=	
9.	10	+	1	=	
10.	10	+	5	=	

Wednesday

1.	5	+	5	=	
2.	2	+	2	=	
3.	4	+	4	=	
4.	1	+	1	=	
5.	3	+	3	=	
6.	10	+	4	=	
7.	10	+	5	=	
8.	10	+	1	=	
9.	10	+	3	=	
10.	10	+	2	=	

Thursday

1.	2	groups of	1	=	
2.	2	groups of	2	=	
3.	2	groups of	3	=	
4.	2	groups of	4	=	
5.	2	groups of	5	=	
6.	4	groups of	2	=	
7.	2	groups of	2	=	
8.	3	groups of	2	=	
9.	5	groups of	2	=	
10.	1	group of	2	=	

Friday

1.	2	groups of	3	=	
2.	2	groups of	1	=	
3.	2	groups of	5	=	
4.	2	groups of	4	=	
5.	2	groups of	2	=	
6.	5	groups of	2	=	
7.	4	groups of	2	=	
8.	2	groups of	2	=	
9.	1	group of	2	=	
10.	3	groups of	2	=	

Ninja challenge

Iko gives three coins **each** to Tom, Cho and Sam. How many coins does Iko give out?

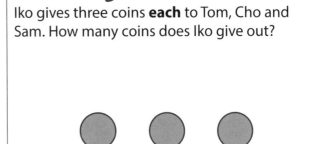

Arithmetic Ninja 5-6 © Andrew Jennings, 2022

Monday

1.	double	6	is equal	to	
2.	half of	12	is equal	to	
3.	6	is	half	of	
4.		–	5	=	9
5.		–	5	=	10
6.		–	5	=	11
7.	35	+	1	=	
8.	38	+	1	=	
9.	30	+	5	=	
10.	7	lots of	5	is equal to	

Tuesday

1.	double	7	is equal	to	
2.	half of	14	is equal	to	
3.	7	is	half	of	
4.		–	5	=	8
5.		–	5	=	9
6.		–	5	=	10
7.	38	+	1	=	
8.	40	+	1	=	
9.	35	+	5	=	
10.	8	lots of	5	is equal to	

Wednesday

1.	double	8	is equal	to	
2.	half of	16	is equal	to	
3.	8	is	half	of	
4.		–	7	=	7
5.		–	7	=	8
6.		–	7	=	9
7.	42	+	1	=	
8.	44	+	1	=	
9.	40	+	5	=	
10.	9	lots of	5	is equal to	

Thursday

1.	double	9	is equal	to	
2.	half of	18	is equal	to	
3.	9	is	half	of	
4.		–	6	=	7
5.		–	6	=	8
6.		–	6	=	9
7.	46	+	1	=	
8.	48	+	1	=	
9.	45	+	5	=	
10.	10	lots of	5	is equal to	

Friday

1.	double	10	is equal	to	
2.	half of	20	is equal	to	
3.	10	is	half	of	
4.		–	8	=	9
5.		–	8	=	10
6.		–	8	=	11
7.	47	+	1	=	
8.	52	+	1	=	
9.	50	+	5	=	
10.	11	lots of	5	is equal to	

Ninja challenge

Iko has three **sets** of ten counters. How many counters does she have in **total**?

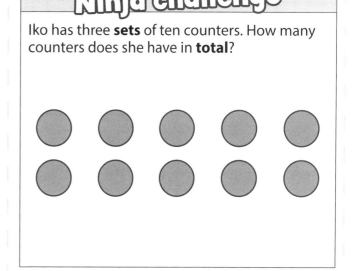

WEEK 16

Monday

1.	[ ]	+	10	=	20
2.	[ ]	=	20	+	10
3.	[ ]	=	10	+	10
4.	2	groups of	[ ]	=	20
5.	four	lots of	[ ]	=	40
6.	30	=	[ ]	+	10
7.	20	plus	20	=	[ ]
8.	10	+	[ ]	=	40
9.	40	=	[ ]	equal groups of	10
10.	20	more than	[ ]	=	40

Tuesday

1.	[ ]	+	10+5	=	25
2.	[ ]	=	20+10	+	30
3.	25	=	10+5	+	[ ]
4.	3	groups of	10	=	[ ]
5.	four	lots of	[ ]	=	40
6.	30	=	[ ]	+	10
7.	20	plus	20+10	=	[ ]
8.	10+10	+	30	=	[ ]
9.	50	=	[ ]	equal groups of	10
10.	10+10	more than	[ ]	=	40

Wednesday

1.	10	+	10+5	=	[ ]
2.	60	=	20+10	+	[ ]
3.	25	=	10+5	+	[ ]
4.	3	groups of	10	=	[ ]
5.	four	lots of	10	=	[ ]
6.	30	=	20	+	[ ]
7.	20	plus	20+10	=	[ ]
8.	10+10	+	30	=	[ ]
9.	50	=	5	equal groups of	[ ]
10.	10+10	more than	20	=	[ ]

Thursday

1.	20	+	20+5	=	[ ]
2.	70	=	30+10	+	[ ]
3.	45	=	10+5	+	[ ]
4.	6	groups of	10	=	[ ]
5.	five	lots of	10	=	[ ]
6.	20	=	10	+	[ ]
7.	30	plus	20+10	=	[ ]
8.	10+20	+	30	=	[ ]
9.	70	=	7	equal groups of	[ ]
10.	10+30	more than	20	=	[ ]

Friday

1.	[ ]	+	20+5	=	45
2.	[ ]	=	30+10	+	30
3.	[ ]	=	10+5	+	30
4.	6	groups of	[ ]	=	60
5.	five	lots of	[ ]	=	50
6.	20	=	[ ]	+	10
7.	[ ]	plus	20+10	=	60
8.	10+20	+	[ ]	=	60
9.	70	=	[ ]	equal groups of	10
10.	10+30	more than	[ ]	=	60

Ninja challenge

Sam collects five counters and then two **more**.
Tom collects four counters then four **more**?
How many counters does each person have?

Arithmetic Ninja 5-6 © Andrew Jennings, 2022

Monday

1.	2	groups of	1	=	
2.	2	groups of	2	=	
3.	2	groups of	3	=	
4.	2	groups of	4	=	
5.	2	groups of	5	=	
6.	4	groups of	2	=	
7.	2	groups of	2	=	
8.	3	groups of	2	=	
9.	5	groups of	2	=	
10.	1	group of	2	=	

Tuesday

1.	2	groups of	6	=	
2.	2	groups of	2	=	
3.	2	groups of	3	=	
4.	2	groups of	4	=	
5.	2	groups of	5	=	
6.	4	groups of	2	=	
7.	2	groups of	2	=	
8.	3	groups of	2	=	
9.	5	groups of	2	=	
10.	6	groups of	2	=	

Wednesday

1.	2	groups of	6	=	
2.	2	x	2	=	
3.	2	groups of	3	=	
4.	2	x	4	=	
5.	2	groups of	5	=	
6.	4	x	2	=	
7.	2	groups of	2	=	
8.	3	x	2	=	
9.	5	groups of	2	=	
10.	6	x	2	=	

Thursday

1.	2	groups of	5	=	
2.	2	x	6	=	
3.	2	groups of	2	=	
4.	2	x	3	=	
5.	2	groups of	4	=	
6.	6	x	2	=	
7.	2	groups of	2	=	
8.	4	x	2	=	
9.	3	groups of	2	=	
10.	5	x	2	=	

Friday

1.	2	groups of	4	=	
2.	2	x	3	=	
3.	0	groups of	2	=	
4.	2	x	6	=	
5.	2	groups of	5	=	
6.	1	x	2	=	
7.	2	groups of	2	=	
8.	6	x	2	=	
9.	4	groups of	2	=	
10.	5	x	2	=	

Ninja challenge

Sam has three **groups** of two counters.
How many counters does Sam have in total?

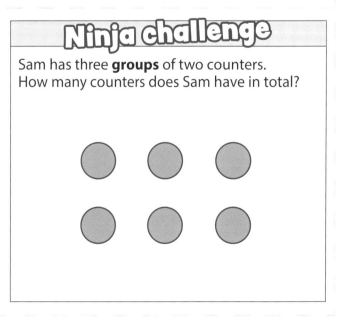

WEEK 17

Monday

1.	double	1	is equal	to	
2.	double	2	is equal	to	
3.	double	3	is equal	to	
4.		=	16	–	9
5.		=	17	–	9
6.		=	18	–	9
7.	18	–	9	=	
8.	one	lot of	5	is equal to	
9.	two	lots of	5	is equal to	
10.	three	lots of	5	is equal to	

Tuesday

1.	double	4	is equal	to	
2.	double	5	is equal	to	
3.	double	6	is equal	to	
4.		=	13	–	8
5.		=	14	–	8
6.		=	15	–	8
7.	15	–	9	=	
8.	four	lots of	5	is equal to	
9.	five	lots of	5	is equal to	
10.	six	lots of	5	is equal to	

Wednesday

1.	double	7	is equal	to	
2.	double	8	is equal	to	
3.	double	9	is equal	to	
4.		=	19	–	7
5.		=	18	–	7
6.		=	17	–	7
7.	17	–	9	=	
8.	seven	lots of	5	is equal to	
9.	eight	lots of	5	is equal to	
10.	nine	lots of	5	is equal to	

Thursday

1.	double	10	is equal	to	
2.	double	11	is equal	to	
3.	double	12	is equal	to	
4.		–	5	=	2
5.		–	5	=	3
6.		–	5	=	4
7.	9	–	8	=	
8.	ten	lots of	5	is equal to	
9.	eleven	lots of	5	is equal to	
10.	twelve	lots of	5	is equal to	

Friday

1.	double	5	is equal	to	
2.	double	3	is equal	to	
3.	double	8	is equal	to	
4.		–	8	=	6
5.		–	8	=	7
6.		–	8	=	8
7.	16	–	9	=	
8.	4	lots of	5	is equal to	
9.	3	lots of	5	is equal to	
10.	6	lots of	5	is equal to	

Ninja challenge

Tom has **double** the amount of counters that Iko has. Iko has six counters. How many counters does Tom have in **total**?

WEEK 17

Monday

1.	50	=	2	x	
2.	3	groups of	10	=	
3.	10	x	3	=	
4.	100	=		times	ten
5.	five	x	10	=	
6.	2	multiplied by	10	=	
7.	10	x	four	=	
8.	10	x	0	=	
9.	100	=	10	equal groups of	
10.	50	=	5	x	

Tuesday

1.	20	=		x	10
2.		groups of	10	=	30
3.	10	x		=	50
4.	100	=		times	ten
5.	five	x	10	=	
6.		multiplied by	10	=	20
7.	10	x	four	=	
8.	10	x		=	0
9.	100	=	10	equal groups of	
10.	50	=		x	10

Wednesday

1.		=	2	x	10
2.	3	groups of	10	=	
3.	10	x	3	=	
4.		=	10	times	ten
5.	five	x	10	=	
6.	2	multiplied by	10	=	
7.	10	x	four	=	
8.	10	x		=	10
9.	100	=		equal groups of	10
10.		=	4	x	10

Thursday

1.	20	=		x	10
2.	2	groups of	8	=	
3.	7	x	2	=	
4.	16	=		times	eight
5.	five	x		=	10
6.	2	multiplied by	10	=	
7.	2	x	four	=	
8.		x	1	=	2
9.	10	=	2	equal groups of	
10.	8	=	2	x	

Friday

1.		=	2	x	9
2.		groups of	7	=	14
3.		x	2	=	12
4.		=	2	times	eight
5.	four	x	2	=	
6.	2	multiplied by	3	=	
7.	2	x	five	=	
8.	2	x		=	16
9.	14	=		equal groups of	7
10.	12	=		x	2

Ninja challenge

Sam has two **groups** of eight counters. How many counters does Sam have in **total**?

WEEK 18

Monday

1.		double	4	=	
2.	2	x	3	=	
3.	0	lots of	2	=	
4.	2	x	6	=	
5.		double	5	=	
6.	1	x	2	=	
7.	2	lots of	2	=	
8.	2	x	2	=	
9.		double	2	=	
10.	5	x	2	=	

Tuesday

1.		double	4	=	
2.	2	x	4	=	
3.	4	lots of	2	=	
4.	2	x	5	=	
5.		double	5	=	
6.	5	x	2	=	
7.	2	lots of	3	=	
8.	2	x	3	=	
9.		double	3	=	
10.	5	x	2	=	

Wednesday

1.		double	3	=	
2.	2	x	3	=	
3.	3	lots of	2	=	
4.	2	x	6	=	
5.		double	6	=	
6.	6	x	2	=	
7.	2	lots of	2	=	
8.	2	x	2	=	
9.		double	2	=	
10.	2	x	2	=	

Thursday

1.		double	5	=	
2.	2	x	5	=	
3.	5	lots of	2	=	
4.	2	x	4	=	
5.		double	4	=	
6.	4	x	2	=	
7.	2	lots of	3	=	
8.	2	x	3	=	
9.		double	3	=	
10.	2	x	6	=	

Friday

1.		double	4	=	
2.	2	x	4	=	
3.	2	lots of	4	=	
4.	2	x	2	=	
5.		double	2	=	
6.	2	x	2	=	
7.	2	lots of	6	=	
8.	2	x	6	=	
9.		double	6	=	
10.	2	x	1	=	

Ninja challenge

Sam has three counters, Iko has three counters and Cho has three counters. How many counters do they have in **total**?

Arithmetic Ninja 5-6 © Andrew Jennings, 2022

Monday

1.	18	+		=	20
2.	13	+		=	20
3.	4	+		=	20
4.	26	+	1	=	
5.	32	+	1	=	
6.	1	group of	5	=	
7.	2	groups of	5	=	
8.	3	groups of	5	=	
9.	4	groups of	5	=	
10.	5	groups of	5	=	

Tuesday

1.	6	+		=	20
2.	11	+		=	20
3.	3	+		=	20
4.	37	+	1	=	
5.	44	+	1	=	
6.	1	group of	5	=	
7.	2	groups of	5	=	
8.	3	groups of	5	=	
9.	4	groups of	5	=	
10.	5	groups of	5	=	

Wednesday

1.	17	+		=	20
2.	8	+		=	20
3.	15	+		=	20
4.	28	+	1	=	
5.	43	+	1	=	
6.	6	groups of	5	=	
7.	7	groups of	5	=	
8.	8	groups of	5	=	
9.	9	groups of	5	=	
10.	10	groups of	5	=	

Thursday

1.	2	+		=	20
2.	17	+		=	20
3.	9	+		=	20
4.	46	+	1	=	
5.	38	+	1	=	
6.	11	groups of	5	=	
7.	12	groups of	5	=	
8.	4	groups of	5	=	
9.	2	groups of	5	=	
10.	7	groups of	5	=	

Friday

1.	19	+		=	20
2.	4	+		=	20
3.	18	+		=	20
4.	26	+	1	=	
5.	29	+	1	=	
6.	3	groups of	5	=	
7.	11	groups of	5	=	
8.	9	groups of	5	=	
9.	5	groups of	5	=	
10.	10	groups of	5	=	

Ninja challenge

Iko has five lots of four counters. How many counters does Iko have **altogether**?

WEEK 18

Monday

1.	2	x		=	12
2.		=	5	x	3
3.	4	x		=	20
4.	2	times	2	=	
5.		x	5	=	10
6.	60	=	6	x	
7.		=	10	x	4
8.	5	multiplied by	4	=	
9.	6	x		=	12
10.	4	x	10	=	

Tuesday

1.		x	6	=	12
2.		=	5	x	3
3.		x	5	=	20
4.		times	2	=	4
5.		x	5	=	10
6.		=	6	x	10
7.		=	10	x	4
8.		multiplied by	4	=	20
9.		x	2	=	12
10.		x	10	=	40

Wednesday

1.	2	x		=	12
2.	15	=		x	3
3.	4	x		=	20
4.	2	times		=	4
5.	2	x		=	10
6.	60	=		x	10
7.	40	=		x	4
8.	5	multiplied by		=	20
9.	6	x		=	12
10.	4	x		=	40

Thursday

1.	2	x		=	8
2.		=	5	x	5
3.	1	x	5	=	
4.	2	times	10	=	
5.	3	x	5	=	
6.		=	7	x	10
7.		=	10	x	2
8.	6	multiplied by	2	=	
9.	10	x	6	=	
10.	4	x	5	=	

Friday

1.		x	4	=	8
2.	25	=		x	5
3.	1	x	5	=	
4.	2	times		=	20
5.	3	x		=	15
6.	70	=		x	10
7.	20	=	10	x	
8.	6	multiplied by		=	12
9.	10	x		=	60
10.		x	5	=	20

Ninja challenge

Tom, Iko, Cho and Sam have four counters **each**. How many counters do they have **altogether**?

Arithmetic Ninja 5-6 © Andrew Jennings, 2022

WEEK 19

Monday

1.	2	groups of	4	=	
2.	2	x	5	=	
3.	2	lots of	4	=	
4.	2	x	3	=	
5.	2	groups of	2	=	
6.	2	x	1	=	
7.	2	lots of	0	=	
8.	2	x	4	=	
9.	2	groups of	0	=	
10.	2	x	1	=	

Tuesday

1.	2	groups of	5	=	
2.	2	x	1	=	
3.	2	lots of	4	=	
4.	2	x	3	=	
5.	2	groups of	0	=	
6.	2	x	1	=	
7.	2	lots of	6	=	
8.	2	x	5	=	
9.	2	groups of	3	=	
10.	2	x	0	=	

Wednesday

1.	2	groups of	3	=	
2.	2	x	0	=	
3.	2	lots of	1	=	
4.	2	x	6	=	
5.	2	groups of	5	=	
6.	2	x	4	=	
7.	2	lots of	5	=	
8.	2	x	5	=	
9.	2	groups of	1	=	
10.	2	x	3	=	

Thursday

1.	2	groups of	5	=	
2.	2	x	1	=	
3.	2	lots of	4	=	
4.	2	x	3	=	
5.	2	groups of	0	=	
6.	2	x	1	=	
7.	2	lots of	6	=	
8.	2	x	5	=	
9.	2	groups of	3	=	
10.	2	x	0	=	

Friday

1.	2	groups of	4	=	
2.	2	x	2	=	
3.	2	lots of	5	=	
4.	2	x	6	=	
5.	2	groups of	1	=	
6.	2	x	2	=	
7.	2	lots of	3	=	
8.	2	x	5	=	
9.	2	groups of	6	=	
10.	2	x	4	=	

Ninja challenge

Iko has two **groups** of five counters. How many counters does Iko have in **total**? Draw the groups as an array.

WEEK 19

Monday

1.	20	=		+	3
2.	20	–	3	=	
3.		+	17	=	20
4.		–	4	=	9
5.	8	+		=	13
6.	13	–		=	5
7.	double	1	is equal	to	
8.	1	+	1	=	
9.	half of	2	is equal	to	
10.	1	group of	5	is equal to	

Tuesday

1.	20	=		+	18
2.	20	–	18	=	
3.		+	2	=	20
4.		–	4	=	11
5.	11	+		=	15
6.	15	–		=	6
7.	double	2	is equal	to	
8.	2	+	2	=	
9.	half of	4	is equal	to	
10.	2	groups of	5	is equal to	

Wednesday

1.	20	=		+	13
2.	20	–	13	=	
3.		+	7	=	20
4.		–	6	=	12
5.	7	+		=	19
6.	19	–		=	7
7.	double	3	is equal	to	
8.	3	+	3	=	
9.	half of	6	is equal	to	
10.	3	groups of	5	is equal to	

Thursday

1.	20	=		+	11
2.	20	–	11	=	
3.		+	9	=	20
4.		–	8	=	6
5.	7	+		=	15
6.	15	–		=	7
7.	double	4	is equal	to	
8.	4	+	4	=	
9.	half of	8	is equal	to	
10.	4	groups of	5	is equal to	

Friday

1.	20	=		+	16
2.	20	–	16	=	
3.		+	4	=	20
4.		–	7	=	12
5.	11	+		=	18
6.	18	–	7	=	
7.	double	5	is equal	to	
8.	5	+	5	=	
9.	half of	10	is equal	to	
10.	5	groups of	5	is equal to	

Ninja challenge

Cho has **double** the amount of counters that Tom has. Tom has nine counters. How many counters does Cho have?

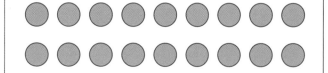

 Arithmetic Ninja 5-6 © Andrew Jennings, 2022

Monday

1.		x	4	=	20
2.	30	=		groups of	5
3.	5	x		=	25
4.		times	10	=	30
5.	3	x		=	15
6.	60	=	6	lots of	
7.	50	=	10	x	
8.	7	multiplied by		=	14
9.	10	x		=	70
10.	2	x		=	14

Tuesday

1.	5	x	4	=	
2.		=	6	groups of	5
3.	5	x	5	=	
4.	3	times	10	=	
5.	3	x	5	=	
6.		=	6	lots of	10
7.		=	10	x	5
8.	7	multiplied by	2	=	
9.	10	x	7	=	
10.	2	x	7	=	

Wednesday

1.		x	4	=	8
2.	10	=	2	groups of	
3.	2	x		=	10
4.	1	times		=	10
5.		x	5	=	15
6.	20	=		lots of	10
7.	30	=		x	3
8.		multiplied by	5	=	20
9.		x	2	=	20
10.	2	x	10	=	

Thursday

1.	2	x		=	8
2.	10	=	2	groups of	
3.	2	x	5	=	
4.		times	10	=	10
5.	3	x		=	15
6.		=	2	lots of	10
7.		=	10	x	3
8.	4	multiplied by	5	=	
9.	5	x	2	=	
10.	2	x		=	20

Friday

1.		x	7	=	70
2.		=	10	groups of	7
3.		x	10	=	70
4.		times	7	=	70
5.	7	x		=	35
6.	7	=		lots of	7
7.	70	=		x	7
8.	7	multiplied by		=	14
9.		x	7	=	14
10.		=	7	x	2

Ninja challenge

Cho has fourteen **fewer** counters than Tom. Tom has nineteen counters. How many counters does Cho have?

WEEK 20

Monday

1.	1	group of	10	=	
2.	2	groups of	10	=	
3.	3	groups of	10	=	
4.	4	groups of	10	=	
5.	5	groups of	10	=	
6.	10	groups of	1	=	
7.	10	groups of	2	=	
8.	10	groups of	3	=	
9.	10	groups of	4	=	
10.	10	groups of	5	=	

Tuesday

1.	2	groups of	10	=	
2.	3	groups of	10	=	
3.	5	groups of	10	=	
4.	4	groups of	10	=	
5.	1	group of	10	=	
6.	10	groups of	4	=	
7.	10	groups of	5	=	
8.	10	groups of	1	=	
9.	10	groups of	3	=	
10.	10	groups of	2	=	

Wednesday

1.	2	groups of	10	=	
2.	4	lots of	10	=	
3.	1	group of	10	=	
4.	3	lots of	10	=	
5.	5	groups of	10	=	
6.	10	lots of	4	=	
7.	10	groups of	5	=	
8.	10	lots of	1	=	
9.	10	groups of	3	=	
10.	10	lots of	2	=	

Thursday

1.	6	groups of	10	=	
2.	1	lot of	10	=	
3.	0	groups of	10	=	
4.	5	lots of	10	=	
5.	4	groups of	10	=	
6.	10	lots of	0	=	
7.	10	groups of	3	=	
8.	10	lots of	5	=	
9.	10	groups of	2	=	
10.	10	lots of	4	=	

Friday

1.	6	groups of	10	=	
2.	1	lot of	10	=	
3.	0	x	10	=	
4.	5	lots of	10	=	
5.	4	groups of	10	=	
6.	10	lots of	0	=	
7.	10	x	3	=	
8.	10	lots of	5	=	
9.	10	groups of	2	=	
10.	10	x	4	=	

Ninja challenge

Iko has two **groups** of ten counters. How many counters does Iko have in **total**? Draw the groups as an array.

Arithmetic Ninja 5-6 © Andrew Jennings, 2022

Monday

1.	23	–	1	=	
2.	28	subtract	1	=	
3.	32	–	1	=	
4.	20	–		=	2
5.	18	+		=	20
6.		=	20	–	12
7.	double	6	is equal	to	
8.	6	+	6	=	
9.	half of	12	is equal	to	
10.	6	groups of	5	is equal to	

Tuesday

1.	36	–	1	=	
2.	39	–	1	=	
3.	31	subtract	1	=	
4.	20	–		=	7
5.	13	+		=	20
6.		=	20	–	17
7.	double	7	is equal	to	
8.	7	+	7	=	
9.	half of	14	is equal	to	
10.	7	groups of	5	is equal to	

Wednesday

1.	42	subtract	1	=	
2.	48	–	1	=	
3.	46	–	1	=	
4.	20	–		=	14
5.	6	+		=	20
6.		=	20	–	4
7.	double	8	is equal	to	
8.	8	+	8	=	
9.	half of	16	is equal	to	
10.	8	groups of	5	is equal to	

Thursday

1.	36	–	1	=	
2.	39	–	1	=	
3.	43	–	1	=	
4.	20	–		=	1
5.	19	+		=	20
6.		=	20	–	11
7.	double	9	is equal	to	
8.	9	+	9	=	
9.	half of	18	is equal	to	
10.	9	groups of	5	is equal to	

Friday

1.	34	–	1	=	
2.	31	–	1	=	
3.	48	–	1	=	
4.	20	–		=	3
5.	17	+		=	20
6.		=	20	–	13
7.	double	9	is equal	to	
8.	9	+	9	=	
9.	half of	18	is equal	to	
10.	9	groups of	5	is equal to	

Ninja challenge

Tom creates nine **groups** of five counters. How many counters does Tom have in **total**?

GRAND MASTER LEVEL

WEEK 20

Monday

1.		x	7	=	70	
2.		=	10	groups of	7	
3.		x	10	=	70	
4.		times	7	=	70	
5.	7	x		=	35	
6.	7	=		lot of	7	
7.	70	=		x	7	
8.	7	multiplied by	5	=		
9.	2	x	7	=		
10.	35	=	7	x		

Tuesday

1.		x	6	=	60	
2.		=	10	groups of	6	
3.	6	x		=	60	
4.	10	times		=	60	
5.	6	x	5	=		
6.	6	=	1	lot of		
7.	60	=	10	x		
8.		multiplied by	5	=	30	
9.		x	6	=	12	
10.		=	6	x	5	

Wednesday

1.	10	x		=	50	
2.	50	=	10	groups of		
3.	5	x	10	=		
4.		times	5	=	50	
5.		x	5	=	25	
6.	5	=		lot of	5	
7.	50	=		x	5	
8.		multiplied by	5	=	25	
9.		x	5	=	10	
10.		=	5	x	5	

Thursday

1.	10	x	5	=		
2.	60	=	10	groups of		
3.	7	x		=	70	
4.	10	times		=	70	
5.		x	5	=	30	
6.		=	1	lot of	6	
7.	50	=	10	x		
8.	6	multiplied by	5	=		
9.		x	5	=	10	
10.		=	5	x	5	

Friday

1.		x	6	=	60	
2.	70	=		groups of	7	
3.	5	x		=	50	
4.	10	times		=	60	
5.	4	x		=	20	
6.	7	=		lot of	7	
7.	60	=		x	6	
8.	6	multiplied by		=	12	
9.	2	x		=	10	
10.	25	=	5	x		

Ninja challenge

Tom has seventy counters. He **shares** them **equally** into **groups** of ten. How many groups of ten will Tom have?

Monday

1.	6	groups of	10	=	
2.	1	lot of	2	=	
3.	0	x	10	=	
4.	5	lots of	2	=	
5.	4	groups of	10	=	
6.	2	lots of	0	=	
7.	10	x	3	=	
8.	2	lots of	5	=	
9.	10	groups of	2	=	
10.	2	x	4	=	

Tuesday

1.	4	groups of	10	=	
2.	3	lots of	2	=	
3.	1	x	10	=	
4.	3	lots of	2	=	
5.	6	groups of	10	=	
6.	2	lots of	5	=	
7.	10	x	4	=	
8.	2	lots of	4	=	
9.	10	groups of	3	=	
10.	2	x	5	=	

Wednesday

1.	5	groups of	10	=	
2.	6	lots of	2	=	
3.	4	x	10	=	
4.	5	lots of	2	=	
5.	2	groups of	10	=	
6.	2	lots of	4	=	
7.	10	x	3	=	
8.	2	lots of	6	=	
9.	10	groups of	1	=	
10.	2	x	0	=	

Thursday

1.	1	group of	10	=	
2.	5	lots of	2	=	
3.	2	x	10	=	
4.	4	lots of	2	=	
5.	5	groups of	10	=	
6.	2	lots of	6	=	
7.	10	x	2	=	
8.	2	lots of	1	=	
9.	10	groups of	5	=	
10.	2	x	6	=	

Friday

1.	4	groups of	10	=	
2.	6	lots of	2	=	
3.	3	x	10	=	
4.	6	lots of	2	=	
5.	3	groups of	10	=	
6.	2	lots of	4	=	
7.	10	x	1	=	
8.	2	lots of	5	=	
9.	10	groups of	2	=	
10.	2	x	4	=	

Ninja challenge

Sam has three **groups** of five counters.
How many counters does Sam have in **total**?
Draw the groups as an array.

Monday

1.	36	is	1	more than	
2.	42	is	1	more than	
3.	28	is	1	more than	
4.		=	20	–	12
5.		=	20	–	2
6.	18	+		=	20
7.	double	1	is	equal to	
8.	double	2	is	equal to	
9.	double	3	is	equal to	
10.	double	4	is	equal to	

Tuesday

1.	26	is	1	more than	
2.	32	is	1	more than	
3.	46	is	1	more than	
4.		=	20	–	3
5.		=	20	–	13
6.	13	+		=	20
7.	double	5	is	equal to	
8.	double	6	is	equal to	
9.	double	7	is	equal to	
10.	double	8	is	equal to	

Wednesday

1.	45	is	1	more than	
2.	36	is	1	more than	
3.	27	is	1	more than	
4.		=	20	–	6
5.		=	20	–	16
6.	16	+		=	20
7.	double	9	is	equal to	
8.	double	10	is	equal to	
9.	double	11	is	equal to	
10.	double	12	is	equal to	

Thursday

1.	25	is	1	more than	
2.	37	is	1	more than	
3.	46	is	1	more than	
4.		=	20	–	8
5.		=	20	–	18
6.	18	+		=	20
7.	half of	24	is equal	to	
8.	half of	22	is equal	to	
9.	half of	20	is equal	to	
10.	half of	18	is equal	to	

Friday

1.	44	is	1	more than	
2.	36	is	1	more than	
3.	21	is	1	more than	
4.		=	20	–	1
5.		=	20	–	11
6.	11	+		=	20
7.	half of	16	is equal	to	
8.	half of	14	is equal	to	
9.	half of	12	is equal	to	
10.	half of	10	is equal	to	

Ninja challenge

Iko has five **groups** of ten counters. How many counters does she have in **total**?

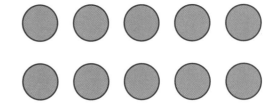

Arithmetic Ninja 5-6 © Andrew Jennings, 2022

WEEK 21

Monday

1.		x	6	=	60
2.		=	10	groups of	7
3.		x	10	=	50
4.		times	6	=	60
5.		x	5	=	20
6.		=	1	lot of	7
7.		=	10	x	6
8.		multiplied by	2	=	12
9.		x	5	=	10
10.		=	5	x	5

Tuesday

1.		x	4	=	40
2.		groups of	10	=	50
3.	20	=		multiplied by	10
4.	3	x		=	30
5.		times	10	=	60
6.		=	1	x	10
7.	20	=	10	lots of	
8.	30	=	3	x	
9.	2	equal groups of		=	20
10.	10	x		=	30

Wednesday

1.	10	x		=	40
2.		groups of	10	=	50
3.	20	=	2	multiplied by	
4.	3	x		=	30
5.	6	times	10	=	
6.		=	1	x	10
7.	20	=	10	lots of	
8.		=	3	x	10
9.	2	equal groups of	10	=	
10.	10	x		=	30

Thursday

1.		x	5	=	50
2.		groups of	10	=	30
3.		=	4	multiplied by	10
4.		x	10	=	60
5.		times	10	=	10
6.	20	=		x	10
7.	40	=		lots of	4
8.	40	=		x	10
9.	3	equal groups of		=	30
10.	10	x		=	30

Friday

1.	10	x	3	=	
2.	6	groups of	10	=	
3.	50	=		multiplied by	10
4.	4	x		=	40
5.		times	10	=	60
6.	50	=	5	x	
7.	60	=	10	lots of	
8.	30	=		x	10
9.	5	equal groups of		=	50
10.	10	x	6	=	

Ninja challenge

Iko has five **equal groups** of ten counters. How many counters does Iko have in **total**?

WEEK 22

Monday

				=	
1.	4	groups of	10	=	
2.	6	lots of	2	=	
3.	3	x	10	=	
4.	6	lots of	2	=	
5.	3	groups of	10	=	
6.	2	lots of	4	=	
7.	10	x	1	=	
8.	2	lots of	5	=	
9.	10	groups of	2	=	
10.	2	x	4	=	

Tuesday

				=	
1.	2	groups of	10	=	
2.	4	lots of	2	=	
3.	4	x	10	=	
4.	7	lots of	2	=	
5.	5	groups of	10	=	
6.	2	lots of	7	=	
7.	10	x	3	=	
8.	3	lots of	5	=	
9.	5	groups of	2	=	
10.	2	x	6	=	

Wednesday

				=	
1.	5	groups of	10	=	
2.	6	lots of	2	=	
3.	6	x	10	=	
4.	8	lots of	2	=	
5.	6	groups of	10	=	
6.	2	lots of	4	=	
7.	10	x	6	=	
8.	4	lots of	5	=	
9.	5	groups of	3	=	
10.	2	x	0	=	

Thursday

				=	
1.	3	groups of	10	=	
2.	8	lots of	2	=	
3.	9	x	10	=	
4.	5	lots of	2	=	
5.	7	groups of	10	=	
6.	2	lots of	6	=	
7.	10	x	2	=	
8.	6	lots of	5	=	
9.	5	groups of	5	=	
10.	2	x	7	=	

Friday

				=	
1.	2	groups of	10	=	
2.	3	lots of	2	=	
3.	4	x	10	=	
4.	3	lots of	2	=	
5.	3	groups of	10	=	
6.	2	lots of	4	=	
7.	10	x	2	=	
8.	3	lots of	5	=	
9.	5	groups of	2	=	
10.	2	x	4	=	

Ninja challenge

Tom has five **groups** of two counters.
How many counters does Tom have in **total**?
Draw the groups as an array.

Arithmetic Ninja 5-6 © Andrew Jennings, 2022

Monday

1.	45	is	1	less than	
2.	38	is	1	less than	
3.	24	is	1	less than	
4.	1	lot of	5	is equal to	
5.	2	lots of	5	is equal to	
6.	3	lots of	5	is equal to	
7.	17	–		=	12
8.		–	4	=	13
9.	3	+		=	17
10.	2	+		=	17

Tuesday

1.	25	is	1	less than	
2.	32	is	1	less than	
3.	47	is	1	less than	
4.	4	lots of	5	is equal to	
5.	5	lots of	5	is equal to	
6.	6	lots of	5	is equal to	
7.	19	–		=	14
8.		–	4	=	15
9.	3	+		=	19
10.	2	+		=	19

Wednesday

1.	25	is	1	less than	
2.	34	is	1	less than	
3.	42	is	1	less than	
4.	7	lots of	5	is equal to	
5.	8	lots of	5	is equal to	
6.	9	lots of	5	is equal to	
7.	16	–		=	9
8.		–	8	=	8
9.	3	+		=	16
10.	2	+		=	16

Thursday

1.	43	is	1	less than	
2.	37	is	1	less than	
3.	23	is	1	less than	
4.	10	lots of	5	is equal to	
5.	11	lots of	5	is equal to	
6.	12	lots of	5	is equal to	
7.	11	–		=	7
8.		–	8	=	3
9.	3	+		=	11
10.	2	+		=	11

Friday

1.	46	is	1	less than	
2.	32	is	1	less than	
3.	28	is	1	less than	
4.	4	lots of	5	is equal to	
5.	7	lots of	5	is equal to	
6.	10	lots of	5	is equal to	
7.	19	–		=	7
8.		–	8	=	11
9.	3	+		=	19
10.	2	+		=	19

Ninja challenge

Cho has thirty–five counters. She **shares** them into **groups** of five counters.
How many **groups** of five does she have?

WEEK 22

Monday

1.	10	x	3	=	
2.	6	x	10	=	
3.	50	=		x	10
4.	4	x		=	40
5.		x	10	=	60
6.	50	=	5	x	
7.	60	=	10	x	
8.	30	=		x	10
9.		x	10	=	50
10.	10	x	6	=	

Tuesday

1.	10	x	7	=	
2.		x	5	=	60
3.	20	=		x	4
4.	4	x		=	40
5.		x	2	=	12
6.	45	=	5	x	
7.	25	=	5	x	
8.	14	=		x	7
9.		x	10	=	110
10.	8	x	5	=	

Wednesday

1.	10	x	7	=	
2.		x	5	=	45
3.		=	5	x	6
4.	7	x		=	70
5.		x	2	=	16
6.	35	=	5	x	
7.	4	=	2	x	
8.	22	=		x	11
9.		x	10	=	10
10.	3	x	5	=	

Thursday

1.	10	x	6	=	
2.		x	5	=	20
3.		=	5	x	12
4.	12	x		=	120
5.		x	2	=	24
6.	55	=	5	x	
7.	18	=	2	x	
8.	24	=		x	12
9.		x	10	=	40
10.	6	x	5	=	

Friday

1.	10	x	9	=	
2.		x	5	=	35
3.		=	5	x	1
4.	2	x		=	20
5.		x	2	=	12
6.	25	=	5	x	
7.	6	=	2	x	
8.	10	=		x	5
9.		x	10	=	100
10.	2	x	5	=	

Ninja challenge

Sam has three **groups** of five counters.
How many counters does Sam have in **total**?

Arithmetic Ninja 5-6 © Andrew Jennings, 2022

Monday

1.	1	x	5	=	
2.	2	x	5	=	
3.	3	x	5	=	
4.	5	x	1	=	
5.	5	x	2	=	
6.	5	x	3	=	
7.	1	x	5	=	
8.	5	x	2	=	
9.	5	x	3	=	
10.	5	x	1	=	

Tuesday

1.	1	x	5	=	
2.	2	x	5	=	
3.	3	x	5	=	
4.	4	x	5	=	
5.	5	x	1	=	
6.	5	x	2	=	
7.	5	x	3	=	
8.	5	x	4	=	
9.	5	x	3	=	
10.	5	x	1	=	

Wednesday

1.	1	x	5	=	
2.	3	x	5	=	
3.	2	x	5	=	
4.	4	x	5	=	
5.	5	x	1	=	
6.	5	x	3	=	
7.	5	x	2	=	
8.	5	x	4	=	
9.	5	x	1	=	
10.	5	x	3	=	

Thursday

1.	1	x	5	=	
2.	3	groups of	5	=	
3.	2	x	5	=	
4.	4	groups of	5	=	
5.	5	x	1	=	
6.	5	x	3	=	
7.	5	lots of	2	=	
8.	5	x	4	=	
9.	5	lots of	1	=	
10.	5	x	3	=	

Friday

1.	1	x	5	=	
2.	5	groups of	5	=	
3.	2	multiplied by	5	=	
4.	4	groups of	5	=	
5.	5	x	1	=	
6.	5	x	3	=	
7.	5	lots of	5	=	
8.	5	multiplied by	4	=	
9.	5	lots of	1	=	
10.	5	x	4	=	

Ninja challenge

Cho has four **groups** of five counters.
How many counters does Cho have in **total**?
Draw the groups as an array.

WEEK 23

Monday

1.	twenty	–	five	=	
2.	twenty	–	seven	=	
3.	nine	+		=	twenty
4.	17	is	5	more than	
5.	5	+	12	=	
6.	17	–		=	5
7.	17	–		=	2
8.	double	1	is equal	to	
9.	double	2	is equal	to	
10.	double	3	is equal	to	

Tuesday

1.	twenty	–	eighteen	=	
2.	twenty	–	ten	=	
3.	eight	+		=	twenty
4.	19	is	4	more than	
5.	4	+	15	=	
6.	19	–		=	15
7.	19	–		=	14
8.	double	4	is equal	to	
9.	double	5	is equal	to	
10.	double	6	is equal	to	

Wednesday

1.	twenty	–	seven	=	
2.	twenty	–	fifteen	=	
3.	sixteen	+		=	twenty
4.	18	is	5	more than	
5.	5	+	13	=	
6.	18	–		=	5
7.	18	–		=	3
8.	double	7	is equal	to	
9.	double	8	is equal	to	
10.	double	9	is equal	to	

Thursday

1.	twenty	–	seventeen	=	
2.	twenty	–	eleven	=	
3.	eighteen	+		=	twenty
4.	15	is	8	more than	
5.	7	+	8	=	
6.	15	–		=	8
7.	15	–		=	7
8.	double	10	is equal	to	
9.	double	11	is equal	to	
10.	double	12	is equal	to	

Friday

1.	twenty	–	five	=	
2.	twenty	–	nine	=	
3.	fourteen	+		=	twenty
4.	18	is	7	more than	
5.	11	+	7	=	
6.	18	–		=	11
7.	18	–		=	1
8.	double	3	is equal	to	
9.	double	7	is equal	to	
10.	double	2	is equal	to	

Ninja challenge

Sam **divides** his 15 counters into five **equal groups**. How many counters are in each equal group?

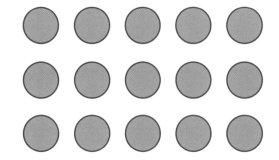

Arithmetic Ninja 5-6 © Andrew Jennings, 2022

Monday

1.	10	x	6	=	
2.	10	divided by	5	=	
3.		=	5	lots of	12
4.	12	x		=	120
5.		divided by	2	=	6
6.	55	=	5	multiplied by	
7.	18	=	2	x	
8.	20	shared by		=	10
9.		groups of	10	=	40
10.	6	x	5	=	

Tuesday

1.	10	x	6	=	
2.	10	divided by	5	=	
3.		=	5	lots of	12
4.	12	x		=	120
5.		divided by	2	=	6
6.	55	=	5	multiplied by	
7.	18	=	2	x	
8.	20	shared by		=	10
9.		groups of	10	=	40
10.	6	x	5	=	

Wednesday

1.	10	x	2	=	
2.	10	divided by	2	=	
3.		=	5	lots of	8
4.	4	x		=	40
5.		divided by	2	=	4
6.	35	=	5	multiplied by	
7.	14	=	2	x	
8.	15	shared by		=	5
9.		groups of	5	=	20
10.	7	x	2	=	

Thursday

1.	3	x	10	=	
2.	12	divided by	2	=	
3.		=	5	lots of	2
4.	6	x		=	60
5.		divided by	2	=	3
6.	15	=	5	multiplied by	
7.	20	=	2	x	
8.	12	shared by		=	6
9.		groups of	5	=	35
10.	5	x	7	=	

Friday

1.	1	x	10	=	
2.	14	divided by	2	=	
3.		=	9	lots of	2
4.	4	x		=	40
5.		divided by	2	=	2
6.	25	=	5	multiplied by	
7.	8	=	2	x	
8.	14	shared by		=	7
9.		groups of	5	=	15
10.	5	x	4	=	

Ninja challenge

Tom, Iko, Cho and Sam have six counters **each**. How many counters do they have **altogether**?

Monday

1.	0	x	5	=	
2.	5	groups of	5	=	
3.	6	multiplied by	5	=	
4.	4	groups of	5	=	
5.	5	x	1	=	
6.	5	x	3	=	
7.	5	lots of	5	=	
8.	5	multiplied by	6	=	
9.	5	lots of	1	=	
10.	5	x	4	=	

Tuesday

1.	7	x	5	=	
2.	4	groups of	5	=	
3.	6	multiples of	5	=	
4.	4	groups of	5	=	
5.	5	x	4	=	
6.	5	x	3	=	
7.	5	lots of	5	=	
8.	5	multiples of	6	=	
9.	5	lots of	7	=	
10.	5	x	1	=	

Wednesday

1.	10	x	5	=	
2.	4	x	5	=	
3.	6	x	5	=	
4.	8	x	5	=	
5.	5	x	5	=	
6.	5	x	0	=	
7.	5	x	8	=	
8.	5	x	6	=	
9.	5	x	7	=	
10.	5	x	10	=	

Thursday

1.	1	x	5	=	
2.	9	x	5	=	
3.	6	x	5	=	
4.	8	x	5	=	
5.	2	x	5	=	
6.	5	x	10	=	
7.	5	x	8	=	
8.	5	x	4	=	
9.	5	x	6	=	
10.	5	x	9	=	

Friday

1.	1	x	5	=	
2.	9	x	5	=	
3.	11	x	5	=	
4.	4	x	5	=	
5.	3	x	5	=	
6.	5	x	10	=	
7.	5	x	9	=	
8.	5	x	1	=	
9.	5	x	11	=	
10.	9	x	5	=	

Ninja challenge

Sam has six **groups** of five counters.
How many counters does Sam have in **total**?
Draw the groups as an array.

Arithmetic Ninja 5-6 © Andrew Jennings, 2022

Monday

1.	0	+	5	=	
2.	1	lot of	5	is equal to	
3.	5	+	5	=	
4.	2	lots of	5	is equal to	
5.	25	is	1	more than	
6.	36	is	1	more than	
7.	47	is	1	more than	
8.	half of	24	is equal	to	
9.	half of	22	is equal	to	
10.	half of	20	is equal	to	

Tuesday

1.	10	+	5	=	
2.	3	lots of	5	is equal to	
3.	15	+	5	=	
4.	4	lots of	5	is equal to	
5.	28	is	1	more than	
6.	32	is	1	more than	
7.	46	is	1	more than	
8.	half of	18	is equal	to	
9.	half of	16	is equal	to	
10.	half of	14	is equal	to	

Wednesday

1.	20	+	5	=	
2.	5	lots of	5	is equal to	
3.	25	+	5	=	
4.	6	lots of	5	is equal to	
5.	21	is	1	more than	
6.	33	is	1	more than	
7.	49	is	1	more than	
8.	half of	12	is equal	to	
9.	half of	10	is equal	to	
10.	half of	8	is equal	to	

Thursday

1.	30	+	5	=	
2.	7	lots of	5	is equal to	
3.	35	+	5	=	
4.	8	lots of	5	is equal to	
5.	27	is	1	more than	
6.	31	is	1	more than	
7.	42	is	1	more than	
8.	half of	6	is equal	to	
9.	half of	4	is equal	to	
10.	half of	2	is equal	to	

Friday

1.	40	+	5	=	
2.	9	lots of	5	is equal to	
3.	45	+	5	=	
4.	10	lots of	5	is equal to	
5.	25	is	1	more than	
6.	32	is	1	more than	
7.	41	is	1	more than	
8.	half of	10	is equal	to	
9.	half of	22	is equal	to	
10.	half of	4	is equal	to	

Ninja challenge

Cho has three **groups** of two counters. Iko has five **groups** of two counters. How many counters do they have **altogether**?

Monday

1.	1	x	5	=	
2.	35	divided by	5	=	
3.		=	11	lots of	2
4.	8	x		=	80
5.		divided by	2	=	6
6.	45	=	5	multiplied by	
7.	20	=	2	x	
8.	18	shared by		=	9
9.		groups of	5	=	35
10.	0	x	5	=	

Tuesday

1.	3	x	5	=	
2.		divided by	5	=	9
3.	22	=		lots of	2
4.	8	x	10	=	
5.	12	divided by		=	6
6.		=	5	multiplied by	9
7.		=	2	x	10
8.	18	shared by	2	=	
9.		groups of	5	=	35
10.		x	5	=	0

Wednesday

1.	4	x	5	=	
2.		divided by	5	=	4
3.	12	=		lots of	2
4.	2	x	10	=	
5.	14	divided by		=	7
6.		=	5	multiplied by	11
7.		=	3	x	10
8.	16	shared by	2	=	
9.		groups of	5	=	45
10.		x	5	=	30

Thursday

1.	7	x	5	=	
2.		divided by	5	=	5
3.	8	=		lots of	2
4.	7	x	10	=	
5.	20	divided by		=	10
6.		=	5	multiplied by	7
7.		=	2	x	10
8.	24	shared by	2	=	
9.		groups of	5	=	50
10.		x	5	=	50

Friday

1.		x	5	=	35
2.	25	divided by		=	5
3.		=	4	lots of	2
4.		x	10	=	70
5.	20	divided by		=	10
6.		=	5	multiplied by	7
7.		=	2	x	10
8.	24	shared by		=	12
9.	10	groups of		=	50
10.		x	5	=	50

Ninja challenge

Sam has nine **equal groups** of two counters. How many counters does Sam have in **total**?

Monday

1.	1	x	5	=	
2.	2	x	5	=	
3.	3	x	5	=	
4.	4	x	5	=	
5.	5	x	5	=	
6.	how many	5s in	30	=	
7.	how many	5s in	5	=	
8.	how many	5s in	10	=	
9.	how many	5s in	15	=	
10.	how many	5s in	20	=	

Tuesday

1.	0	x	5	=	
2.	4	x	5	=	
3.	3	x	5	=	
4.	6	x	5	=	
5.	5	x	5	=	
6.	how many	5s in	5	=	
7.	how many	5s in	15	=	
8.	how many	5s in	10	=	
9.	how many	5s in	20	=	
10.	how many	5s in	30	=	

Wednesday

1.	2	x	5	=	
2.	3	x	5	=	
3.	5	x	5	=	
4.	4	x	5	=	
5.	7	x	5	=	
6.	how many	5s in	35	=	
7.	how many	5s in	15	=	
8.	how many	5s in	10	=	
9.	how many	5s in	30	=	
10.	how many	5s in	25	=	

Thursday

1.	4	x	5	=	
2.	6	x	5	=	
3.	8	x	5	=	
4.	how many	5s in	25	=	
5.	how many	5s in	30	=	
6.	how many	5s in	5	=	
7.	how many	5s in	15	=	
8.	how many	5s in	10	=	
9.	how many	5s in	40	=	
10.	how many	5s in	20	=	

Friday

1.	3	x	5	=	
2.	7	x	5	=	
3.	9	x	5	=	
4.	how many	5s in	45	=	
5.	how many	5s in	20	=	
6.	how many	5s in	30	=	
7.	how many	5s in	40	=	
8.	how many	5s in	5	=	
9.	how many	5s in	15	=	
10.	how many	5s in	25	=	

Ninja challenge

Tom has seven **groups** of five counters.
How many counters does Tom have in **total**?
Draw the groups as an array.

WEEK 25

Monday

1.		=	14	–	9
2.		=	8	–	5
3.		=	13	–	7
4.	43	is	1	less than	
5.	32	is	1	less than	
6.	26	is	1	less than	
7.	double	12	is equal	to	
8.	half of	24	is equal	to	
9.	double	11	is equal	to	
10.	half of	22	is equal	to	

Tuesday

1.		=	12	–	3
2.		=	18	–	7
3.		=	14	–	8
4.	47	is	1	less than	
5.	35	is	1	less than	
6.	22	is	1	less than	
7.	double	10	is equal	to	
8.	half of	20	is equal	to	
9.	double	9	is equal	to	
10.	half of	18	is equal	to	

Wednesday

1.		=	15	–	9
2.		=	13	–	6
3.		=	11	–	8
4.	45	is	1	less than	
5.	38	is	1	less than	
6.	26	is	1	less than	
7.	double	8	is equal	to	
8.	half of	16	is equal	to	
9.	double	7	is equal	to	
10.	half of	14	is equal	to	

Thursday

1.		=	15	+	4
2.		=	13	–	5
3.		=	7	+	8
4.	42	is	1	less than	
5.	31	is	1	less than	
6.	24	is	1	less than	
7.	double	6	is equal	to	
8.	half of	12	is equal	to	
9.	double	5	is equal	to	
10.	half of	10	is equal	to	

Friday

1.		=	18	–	4
2.		=	17	–	9
3.		=	11	+	6
4.	42	is	1	less than	
5.	31	is	1	less than	
6.	24	is	1	less than	
7.	double	6	is equal	to	
8.	half of	12	is equal	to	
9.	double	5	is equal	to	
10.	half of	10	is equal	to	

Ninja challenge

Tom and Iko have eighteen counters **altogether**. They have the same number of counters each. How many counters do they have **each**?

Arithmetic Ninja 5-6 © Andrew Jennings, 2022

Monday

1.		x	2	=	16
2.	25	shared by		=	5
3.		=	10	÷	2
4.	70	shared by		=	7
5.	14	÷		=	7
6.		=	5	multiplied by	2
7.		=	2	times	10
8.	8	shared by	2	=	
9.	half	of		=	3
10.	half	of	8	=	

Tuesday

1.		x	2	=	14
2.	45	shared by		=	9
3.		=	14	÷	2
4.	80	shared by	10	=	
5.	16	÷		=	8
6.		=	5	multiplied by	8
7.		=	4	times	10
8.	12	shared by	2	=	
9.	half	of		=	5
10.	half	of	12	=	

Wednesday

1.		x	2	=	8
2.	35	shared by		=	7
3.		=	18	÷	2
4.	80	shared by	10	=	
5.	10	÷	2	=	
6.		=	5	multiplied by	10
7.		=	3	times	10
8.	14	shared by	2	=	
9.	half	of		=	10
10.	half	of	8	=	

Thursday

1.		x	2	=	14
2.	50	shared by		=	10
3.		=	22	÷	2
4.	100	shared by	10	=	
5.	12	÷	2	=	
6.		=	8	multiplied by	10
7.		=	7	times	10
8.	16	shared by	2	=	
9.	half	of		=	5
10.	half	of	12	=	

Friday

1.		x	2	=	24
2.		shared by	5	=	8
3.		=	16	÷	2
4.	40	shared by	10	=	
5.	18	÷	2	=	
6.		=	10	multiplied by	10
7.		=	4	times	10
8.	22	shared by	2	=	
9.	half	of		=	10
10.	half	of	10	=	

Ninja challenge

Tom has forty counters. He **shares** them **equally** into **groups** of ten. How many groups of ten will Tom have?

WEEK 26

Monday

1.	8	x	5	=	
2.	3	x	5	=	
3.	5	x	5	=	
4.	how many	5s in	35	=	
5.	how many	5s in	25	=	
6.	how many	5s in	15	=	
7.	how many	5s in	5	=	
8.	30	divided by	5	=	
9.	20	divided by	5	=	
10.	10	divided by	5	=	

Tuesday

1.	7	x	5	=	
2.	1	x	5	=	
3.	3	x	5	=	
4.	how many	5s in	40	=	
5.	how many	5s in	30	=	
6.	how many	5s in	20	=	
7.	how many	5s in	10	=	
8.	5	divided by	5	=	
9.	10	divided by	5	=	
10.	15	divided by	5	=	

Wednesday

1.	9	x	5	=	
2.	10	x	5	=	
3.	11	x	5	=	
4.	how many	5s in	15	=	
5.	how many	5s in	20	=	
6.	how many	5s in	25	=	
7.	how many	5s in	30	=	
8.	15	divided by	5	=	
9.	20	divided by	5	=	
10.	25	divided by	5	=	

Thursday

1.	6	x	5	=	
2.	7	x	5	=	
3.	8	x	5	=	
4.	how many	5s in	20	=	
5.	how many	5s in	25	=	
6.	how many	5s in	30	=	
7.	how many	5s in	35	=	
8.	20	divided by	5	=	
9.	25	divided by	5	=	
10.	30	divided by	5	=	

Friday

1.	3	x	5	=	
2.	4	x	5	=	
3.	5	x	5	=	
4.	how many	5s in	25	=	
5.	how many	5s in	30	=	
6.	how many	5s in	35	=	
7.	how many	5s in	40	=	
8.	35	divided by	5	=	
9.	40	divided by	5	=	
10.	45	divided by	5	=	

Ninja challenge

Cho has three **groups** of ten counters.
How many counters does Cho have in **total**?
Draw the groups as an array.

WEEK 26

Monday

1.	3	=		–	12
2.	4	=		–	12
3.	5	=		–	12
4.	6	=	14	–	
5.	1	group of	5	is equal to	
6.	2	groups of	5	is equal to	
7.	3	groups of	5	is equal to	
8.	52	+	1	=	
9.	56	+	1	=	
10.	58	+	1	=	

Tuesday

1.	4	=		–	9
2.	5	=		–	9
3.	6	=		–	9
4.	13	=	17	–	
5.	4	groups of	5	is equal to	
6.	5	groups of	5	is equal to	
7.	6	groups of	5	is equal to	
8.	63	+	1	=	
9.	65	+	1	=	
10.	68	+	1	=	

Wednesday

1.	9	=		–	6
2.	10	=		–	6
3.	11	=		–	6
4.	6	=	14	–	
5.	7	groups of	5	is equal to	
6.	8	groups of	5	is equal to	
7.	9	groups of	5	is equal to	
8.	73	+	1	=	
9.	76	+	1	=	
10.	78	+	1	=	

Thursday

1.	5	=		–	6
2.	6	=		–	6
3.	7	=		–	6
4.	9	=	14	–	
5.	10	groups of	5	is equal to	
6.	11	groups of	5	is equal to	
7.	12	groups of	5	is equal to	
8.	83	+	1	=	
9.	85	+	1	=	
10.	87	+	1	=	

Friday

1.	6	=		–	3
2.	7	=		–	3
3.	8	=		–	3
4.	8	=	13	–	
5.	7	groups of	5	is equal to	
6.	4	groups of	5	is equal to	
7.	9	groups of	5	is equal to	
8.	94	+	1	=	
9.	96	+	1	=	
10.	97	+	1	=	

Ninja challenge

Iko has fourteen counters. Iko gives **half** of her counters to Tom. How many counters does she have **left**?

WEEK 26

Monday

1.		x	2	=	4
2.		shared by	5	=	6
3.		=	18	÷	2
4.	20	shared by	10	=	
5.	20	÷	2	=	
6.		=	10	multiplied by	9
7.		=	6	times	5
8.	18	shared by	2	=	
9.	half	of		=	9
10.	half	of	8	=	

Tuesday

1.		x	6	=	12
2.		shared by	10	=	5
3.		=	8	÷	2
4.	10	shared by	10	=	
5.	10	÷	2	=	
6.		=	10	multiplied by	5
7.		=	3	times	5
8.	14	shared by	2	=	
9.	half	of		=	6
10.	half	of	10	=	

Wednesday

1.		x	7	=	14
2.		shared by	10	=	6
3.		=	10	÷	2
4.	10	shared by	5	=	
5.	20	÷	2	=	
6.		=	10	multiplied by	7
7.		=	8	times	5
8.	10	shared by	2	=	
9.	half	of		=	7
10.	half	of	4	=	

Thursday

1.		x	9	=	18
2.		shared by	10	=	10
3.		=	14	÷	2
4.	40	shared by	5	=	
5.		÷	2	=	12
6.		=	10	multiplied by	8
7.		=	10	times	5
8.	20	shared by	2	=	
9.	half	of		=	4
10.	half	of	2	=	

Friday

1.		x	9	=	18
2.		shared by	10	=	10
3.		=	14	÷	2
4.	40	shared by	5	=	
5.	24	÷	2	=	
6.		=	10	multiplied by	8
7.		=	10	times	5
8.	20	shared by	2	=	
9.	half	of		=	4
10.	half	of	2	=	

Ninja challenge

Iko has seven **equal groups** of ten counters. How many counters does Iko have in **total**?

Monday

1.	3	x	5	=	
2.	2	lots of	2	=	
3.	5	x	10	=	
4.	1	group of	5	=	
5.	3	x	2	=	
6.	4	x	10	=	
7.	1	multiplied by	2	=	
8.	0	x	5	=	
9.	3	lots of	10	=	
10.	4	x	5	=	

Tuesday

1.	4	x	5	=	
2.	4	lots of	2	=	
3.	4	x	10	=	
4.	3	groups of	5	=	
5.	3	x	2	=	
6.	3	x	10	=	
7.	5	multiplied by	2	=	
8.	5	x	5	=	
9.	5	lots of	10	=	
10.	1	x	5	=	

Wednesday

1.	1	x	5	=	
2.	1	lot of	2	=	
3.	1	x	10	=	
4.	2	groups of	5	=	
5.	2	x	2	=	
6.	2	x	10	=	
7.	4	multiplied by	2	=	
8.	4	x	5	=	
9.	4	lots of	10	=	
10.	10	x	5	=	

Thursday

1.	5	x	5	=	
2.	5	lots of	2	=	
3.	5	x	10	=	
4.	6	groups of	5	=	
5.	6	x	2	=	
6.	6	x	10	=	
7.	3	multiplied by	2	=	
8.	3	x	5	=	
9.	3	lots of	10	=	
10.	10	x	2	=	

Friday

1.	4	x	5	=	
2.	4	lots of	2	=	
3.	4	x	10	=	
4.	5	groups of	5	=	
5.	5	x	2	=	
6.	5	x	10	=	
7.	6	multiplied by	2	=	
8.	6	x	5	=	
9.	6	lots of	10	=	
10.	10	x	2	=	

Ninja challenge

Sam has six **groups** of two counters.
How many counters does Sam have in **total**?
Draw the groups as an array.

WEEK 27

Monday

1.	5	=	17	–	
2.	4	=	17	–	
3.	2	=	17	–	
4.	6	=		–	12
5.		=	19	–	12
6.	1	lot of	10	is equal to	
7.	one	group of	10	is equal to	
8.	14	+	1	=	
9.	16	+	1	=	
10.	18	+	1	=	

Tuesday

1.	9	=	13	–	
2.	8	=	13	–	
3.	7	=	13	–	
4.	9	=		–	6
5.		=	14	–	6
6.	2	lots of	10	is equal to	
7.	two	groups of	10	is equal to	
8.	23	+	1	=	
9.	26	+	1	=	
10.	28	+	1	=	

Wednesday

1.	11	=	19	–	
2.	10	=	19	–	
3.	9	=	19	–	
4.	8	=		–	9
5.		=	14	–	9
6.	3	lots of	10	is equal to	
7.	three	groups of	10	is equal to	
8.	31	+	1	=	
9.	34	+	1	=	
10.	37	+	1	=	

Thursday

1.	9	=	11	–	
2.	8	=	11	–	
3.	7	=	11	–	
4.	8	=		–	4
5.		=	12	–	6
6.	4	lots of	10	is equal to	
7.	four	groups of	10	is equal to	
8.	42	+	1	=	
9.	46	+	1	=	
10.	48	+	1	=	

Friday

1.	12	=	15	–	
2.	11	=	15	–	
3.	10	=	15	–	
4.	11	=		–	5
5.		=	16	–	8
6.	5	lots of	10	is equal to	
7.	five	groups of	10	is equal to	
8.	51	+	1	=	
9.	54	+	1	=	
10.	57	+	1	=	

Ninja challenge

Cho spends ten minutes playing with blocks. Tom spends twenty minutes playing with blocks. How long do they spend **altogether** playing with blocks?

Arithmetic Ninja 5-6 © Andrew Jennings, 2022

Monday

1.		lots of	9	=	18
2.	10	shared by		=	1
3.		=	18	÷	2
4.	40	divided by	5	=	
5.	24	÷	2	=	
6.	10 + 10	=		+	8
7.		=	10	groups of	5
8.	20	shared by	5	=	
9.	10 + 30	+	5 + 5	=	
10.	half	of	4	=	

Tuesday

1.	2	lots of		=	14
2.	20	shared by		=	2
3.		=	14	÷	2
4.	50	divided by	5	=	
5.	18	÷	2	=	
6.	10 + 20	=		+	5
7.		=	10	groups of	6
8.	25	shared by	5	=	
9.	20 + 30	+	1 + 2	=	
10.	half	of	10	=	

Wednesday

1.	2	lots of	8	=	
2.	60	shared by	10	=	
3.		=	22	÷	2
4.	60	divided by	5	=	
5.	16	÷	2	=	
6.	10 + 15	=		+	20
7.		=	5	groups of	6
8.	30	shared by	5	=	
9.	10 + 30	+	1 + 2	=	
10.	half	of	20	=	

Thursday

1.	2	lots of	5	=	
2.	90	shared by	10	=	
3.		=	4	÷	2
4.	50	divided by	5	=	
5.	10	÷	2	=	
6.	10 + 10	=		+	15
7.		=	5	groups of	4
8.	15	shared by	5	=	
9.	10 + 20	+	1 + 2	=	
10.	half	of	24	=	

Friday

1.	2	lots of	12	=	
2.	120	shared by	10	=	
3.		=	12	÷	2
4.	120	divided by	10	=	
5.	12	÷	2	=	
6.	5 + 10	=		+	5
7.		=	5	groups of	8
8.	40	shared by	5	=	
9.	10 + 10	+	1 + 2	=	
10.	half	of	22	=	

Ninja challenge

Iko shares forty counters into **equal groups** of five counters. How many groups of five will Iko have?

WEEK 28

Monday

1.	7	–	1	=	
2.	6	take away	2	=	
3.	5	–	1	=	
4.	3	+	3	=	
5.	4	add	4	=	
6.	5	+	5	=	
7.	2	x	2	=	
8.	2	times	1	=	
9.	2	÷	2	=	
10.	2	shared by	1	=	

Tuesday

1.	9	–	2	=	
2.	7	take away	2	=	
3.	5	–	2	=	
4.	3	+	2	=	
5.	4	add	2	=	
6.	5	+	2	=	
7.	2	x	3	=	
8.	4	times	2	=	
9.	4	÷	2	=	
10.	4	shared by	1	=	

Wednesday

1.	10	–	3	=	
2.	8	take away	3	=	
3.	6	–	3	=	
4.	4	+	3	=	
5.	5	add	5	=	
6.	4	+	5	=	
7.	5	x	2	=	
8.	2	times	4	=	
9.	6	÷	2	=	
10.	6	shared by	1	=	

Thursday

1.	10	–	4	=	
2.	8	take away	4	=	
3.	6	–	4	=	
4.	4	+	6	=	
5.	5	add	5	=	
6.	3	+	7	=	
7.	3	x	2	=	
8.	2	times	5	=	
9.	10	÷	2	=	
10.	10	shared by	1	=	

Friday

1.	10	–	5	=	
2.	10	take away	4	=	
3.	10	–	6	=	
4.	2	+	8	=	
5.	1	add	9	=	
6.	3	+	7	=	
7.	5	x	2	=	
8.	2	times	5	=	
9.	10	÷	1	=	
10.	10	shared by	2	=	

Ninja challenge

Iko has seven **groups** of two counters. How many counters does Iko have in **total**? Draw the groups as an array.

Monday

1.	7	=	14	–	
2.	6	=	14	–	
3.	5	=	14	–	
4.	6	=		–	9
5.		=	17	–	9
6.	6	lots of	10	is equal to	
7.	six	groups of	10	is equal to	
8.	61	+	1	=	
9.	64	+	1	=	
10.	67	+	1	=	

Tuesday

1.	6	=	13	–	
2.	7	=	13	–	
3.	8	=	13	–	
4.	6	=		–	5
5.		=	11	–	8
6.	7	lots of	10	is equal to	
7.	seven	groups of	10	is equal to	
8.	73	+	1	=	
9.	76	+	1	=	
10.	78	+	1	=	

Wednesday

1.	8	=	16	–	
2.	7	=	16	–	
3.	6	=	16	–	
4.	4	=		–	10
5.		=	14	–	12
6.	8	lots of	10	is equal to	
7.	eight	groups of	10	is equal to	
8.	82	+	1	=	
9.	85	+	1	=	
10.	88	+	1	=	

Thursday

1.	13	=	17	–	
2.	12	=	17	–	
3.	11	=	17	–	
4.	13	=		–	6
5.		=	19	–	11
6.	9	lots of	10	is equal to	
7.	nine	groups of	10	is equal to	
8.	93	+	1	=	
9.	95	+	1	=	
10.	97	+	1	=	

Friday

1.	11	=	18	–	
2.	10	=	18	–	
3.	9	=	18	–	
4.	6	=		–	9
5.		=	15	–	12
6.	10	lots of	10	is equal to	
7.	ten	groups of	10	is equal to	
8.	64	+	1	=	
9.	76	+	1	=	
10.	83	+	1	=	

Ninja challenge

Sam and Tom spend nine minutes **each** playing football. How many minutes do they play football for **altogether**?

Monday

1.		lots of	12	=	60
2.	120	shared by	10	=	
3.		=	20	÷	2
4.	90	divided by		=	9
5.	18	÷	2	=	
6.	50 + 10	=		+	30
7.		=	5	groups of	9
8.	35	shared by		=	7
9.	30 + 10	+	10 + 20	=	
10.	half	of		=	20

Tuesday

1.		lots of	11	=	55
2.	70	shared by	10	=	
3.		=	18	÷	2
4.	110	divided by		=	11
5.	14	÷	2	=	
6.	40 + 10	=		+	30
7.		=	5	groups of	6
8.	45	shared by		=	5
9.	60 + 10	+	10 + 10	=	
10.	half	of		=	11

Wednesday

1.		lots of	4	=	20
2.	80	shared by	10	=	
3.		=	22	÷	2
4.	100	divided by		=	10
5.	16	÷	2	=	
6.	50 + 10	=		+	40
7.		=	5	groups of	3
8.	35	shared by		=	7
9.	10 + 40	+	20 + 10	=	
10.	half	of		=	30

Thursday

1.		lots of	9	=	45
2.	20	shared by	2	=	
3.		=	40	÷	5
4.	40	divided by		=	4
5.	35	÷	5	=	
6.	100 + 10	=		+	90
7.		=	5	groups of	11
8.	60	shared by		=	12
9.	20 + 30	+	40 + 10	=	
10.	half	of		=	40

Friday

1.		lots of	5	=	25
2.	18	shared by	2	=	
3.		=	50	÷	5
4.	70	divided by		=	7
5.	45	÷	5	=	
6.	60 + 10	=		+	40
7.		=	4	groups of	10
8.	120	shared by		=	12
9.	50 + 40	+	10 + 10	=	
10.	half	of		=	50

Ninja challenge

Cho has eighty counters. Cho splits the counters into two **equal groups**. How many counters are in **each** group?

Arithmetic Ninja 5-6 © Andrew Jennings, 2022

Monday

1.	10	minus	9	=	
2.	10	–	8	=	
3.	10	subtract	7	=	
4.	2	+	8	=	
5.	1	plus	9	=	
6.	3	+	7	=	
7.	5	x	2	=	
8.	2	groups of	5	=	
9.	10	÷	1	=	
10.	10	divided by	2	=	

Tuesday

1.	10	minus	9	=	
2.	10	–	8	=	
3.	10	subtract	7	=	
4.	10	+	3	=	
5.	10	plus	4	=	
6.	5	+	10	=	
7.	2	x	4	=	
8.	2	groups of	6	=	
9.	10	÷	2	=	
10.	10	divided by	10	=	

Wednesday

1.	10	minus	10	=	
2.	10	–	5	=	
3.	10	subtract	1	=	
4.	10	+	6	=	
5.	10	plus	1	=	
6.	3	+	10	=	
7.	2	x	10	=	
8.	2	groups of	5	=	
9.	8	÷	2	=	
10.	8	divided by	4	=	

Thursday

1.	15	minus	4	=	
2.	15	–	5	=	
3.	15	subtract	3	=	
4.	10	+	7	=	
5.	10	plus	9	=	
6.	6	+	10	=	
7.	2	x	7	=	
8.	6	groups of	2	=	
9.	12	÷	2	=	
10.	12	divided by	6	=	

Friday

1.	15	minus	2	=	
2.	15	–	6	=	
3.	15	subtract	4	=	
4.	10	+	10	=	
5.	10	plus	8	=	
6.	9	+	10	=	
7.	2	x	9	=	
8.	5	groups of	2	=	
9.	10	÷	2	=	
10.	10	divided by	5	=	

Ninja challenge

Tom has fourteen counters. Tom **takes** seven counters **away**. How many counters does Tom have **left**?

WEEK 29

Monday

1.	double	1	is	equal to	
2.	double	2	is	equal to	
3.	half of	2	is	equal to	
4.	half of	4	is	equal to	
5.	11	=		+	7
6.	12	=		+	7
7.	13	=		+	7
8.	19	=	6	+	
9.	0	+	10	=	
10.	1	lot of	10	is equal to	

Tuesday

1.	double	3	is	equal to	
2.	double	4	is	equal to	
3.	half of	6	is	equal to	
4.	half of	8	is	equal to	
5.	11	=		+	4
6.	12	=		+	4
7.	13	=		+	4
8.	17	=	9	+	
9.	10	+	10	=	
10.	2	lots of	10	is equal to	

Wednesday

1.	double	5	is	equal to	
2.	double	6	is	equal to	
3.	half of	10	is	equal to	
4.	half of	12	is	equal to	
5.	12	=		+	8
6.	13	=		+	8
7.	14	=		+	8
8.	18	=	6	+	
9.	20	+	10	=	
10.	3	lots of	10	is equal to	

Thursday

1.	double	7	is	equal to	
2.	double	8	is	equal to	
3.	half of	14	is	equal to	
4.	half of	16	is	equal to	
5.	13	=		+	7
6.	14	=		+	7
7.	15	=		+	7
8.	13	=	8	+	
9.	30	+	10	=	
10.	4	lots of	10	is equal to	

Friday

1.	double	9	is	equal to	
2.	double	10	is	equal to	
3.	half of	18	is	equal to	
4.	half of	20	is	equal to	
5.	14	=		+	5
6.	15	=		+	5
7.	16	=		+	5
8.	19	=	11	+	
9.	40	+	10	=	
10.	5	lots of	10	is equal to	

Ninja challenge

Iko, Cho and Tom all spend ten minutes playing on the swings. How many minutes do they spend in **total** playing on the swings?

WEEK 29

Monday

1.		multiplied by	5	=	35	
2.	12	÷	2	=		
3.		=	40	÷	5	
4.		divided by	10	=	9	
5.	45	÷	5	=		
6.	50	=		plus	30	
7.		=	50	minus	20	
8.	8	groups of		=	80	
9.	60	–	20	=		
10.	half	of		=	22	

Tuesday

1.		multiplied by	5	=	55	
2.	20	÷	2	=		
3.		=	50	÷	5	
4.		divided by	5	=	9	
5.	40	÷	5	=		
6.	80	=		plus	60	
7.		=	60	minus	40	
8.	6	groups of	10	=		
9.	50	–	40	=		
10.	half	of		=	11	

Wednesday

1.		multiplied by	5	=	30	
2.	10	÷	2	=		
3.		=	60	÷	5	
4.		divided by	5	=	7	
5.	50	÷	5	=		
6.	40	=		plus	20	
7.		=	50	minus	20	
8.	8	groups of	10	=		
9.	70	–	50	=		
10.	half	of		=	10	

Thursday

1.	30	multiplied by	2	=	12	
2.	14	÷	2	=		
3.		=	45	÷	5	
4.		divided by	5	=	5	
5.	90	÷	10	=		
6.	50	=		plus	20	
7.		=	40	minus	30	
8.	4	groups of	10	=		
9.	80	–	30	=		
10.	half	of		=	30	

Friday

1.		multiplied by	2	=	18	
2.	18	÷	2	=		
3.		=	55	÷	5	
4.		divided by	2	=	11	
5.	110	÷	10	=		
6.	80	=		plus	50	
7.		=	60	minus	30	
8.	10	groups of	10	=		
9.	30	–	20	=		
10.	half	of		=	50	

Ninja challenge

Sam has two **groups** of ten counters.
How many counters does Sam have in **total**?

WEEK 30

Monday

1.	15	minus	6	=	
2.	15	–	4	=	
3.	15	subtract	5	=	
4.	10	+	9	=	
5.	10	plus	2	=	
6.	4	+	10	=	
7.	2	x	10	=	
8.	10	groups of	2	=	
9.	10	÷	5	=	
10.	10	divided by	2	=	

Tuesday

1.	15	minus	6	=	
2.	14	–	4	=	
3.	13	subtract	5	=	
4.	11	+	9	=	
5.	11	plus	2	=	
6.	4	+	11	=	
7.	3	x	10	=	
8.	5	groups of	2	=	
9.	10	÷	2	=	
10.	8	divided by	2	=	

Wednesday

1.	15	minus	4	=	
2.	14	–	3	=	
3.	13	subtract	2	=	
4.	11	+	6	=	
5.	11	plus	4	=	
6.	7	+	11	=	
7.	4	x	10	=	
8.	6	groups of	2	=	
9.	6	÷	2	=	
10.	6	divided by	3	=	

Thursday

1.	15	minus	6	=	
2.	14	–	5	=	
3.	13	subtract	4	=	
4.	11	+	5	=	
5.	11	plus	6	=	
6.	7	+	11	=	
7.	2	x	10	=	
8.	5	groups of	2	=	
9.	8	÷	2	=	
10.	8	divided by	4	=	

Friday

1.	16	minus	6	=	
2.	16	–	5	=	
3.	16	subtract	4	=	
4.	12	+	5	=	
5.	12	plus	6	=	
6.	4	+	12	=	
7.	4	x	10	=	
8.	7	groups of	2	=	
9.	10	÷	2	=	
10.	10	divided by	5	=	

Ninja challenge

Iko has fifteen counters. Tom **takes** five counters **away** and Sam **takes** five counters **away**. How many counters does Iko have left?

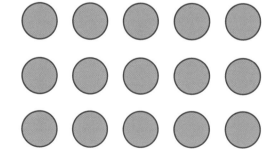

WEEK 30

Monday

1.	45	+	1	=	
2.		=	45	+	1
3.		is	one	more than	45
4.	45	add	1	is equal to	
5.	14	=		+	5
6.	15	=		+	5
7.	16	=		+	5
8.	19	=	11	+	
9.	50	+	10	=	
10.	6	lots of	10	is equal to	

Tuesday

1.	53	+	1	=	
2.		=	53	+	1
3.		is	one	more than	53
4.	53	add	1	is equal to	
5.	13	=		+	6
6.	14	=		+	6
7.	15	=		+	6
8.	18	=	9	+	
9.	60	+	10	=	
10.	7	lots of	10	is equal to	

Wednesday

1.	62	+	1	=	
2.		=	62	+	1
3.		is	one	more than	62
4.	62	add	1	is equal to	
5.	18	=		+	13
6.	19	=		+	13
7.	20	=		+	13
8.	18	=	7	+	
9.	70	+	10	=	
10.	8	lots of	10	is equal to	

Thursday

1.	67	+	1	=	
2.		=	67	+	1
3.		is	one	more than	67
4.	67	add	1	is equal to	
5.	17	=		+	5
6.	18	=		+	5
7.	19	=		+	5
8.	17	=	14	+	
9.	80	+	10	=	
10.	9	lots of	10	is equal to	

Friday

1.	75	+	1	=	
2.		=	75	+	1
3.		is	one	more than	75
4.	75	add	1	is equal to	
5.	11	=		+	7
6.	12	=		+	7
7.	13	=		+	7
8.	19	=	6	+	
9.	90	+	10	=	
10.	10	lots of	10	is equal to	

Ninja challenge

Iko loves music. She listens to five songs. **Each** song is three minutes long. How many minutes does Iko listen to music in **total**?

WEEK 30

Monday

1.		times	2	=	16
2.	20	÷	2	=	
3.		=	30	÷	5
4.		divided by	2	=	8
5.	90	÷	10	=	
6.	50	=		plus	30
7.		=	90	minus	40
8.	7	groups of	10	=	
9.	70	–	40	=	
10.	half	of		=	60

Tuesday

1.		times	2	=	10
2.	12	÷	2	=	
3.		=	25	÷	5
4.		divided by	2	=	9
5.	60	÷	10	=	
6.	100	=		plus	60
7.		=	100	minus	40
8.	5	groups of	10	=	
9.	120	–	40	=	
10.	half	of		=	100

Wednesday

1.	5	multiplied by		=	10
2.	12	÷		=	6
3.	5	=		÷	5
4.	18	shared by	2	=	
5.		÷	10	=	6
6.	100	=		plus	60
7.		=	100	minus	40
8.		groups of	10	=	50
9.	120	–	40	=	
10.	half	of	200	=	

Thursday

1.	9	multiplied by		=	18
2.	18	÷		=	9
3.	6	=		÷	5
4.	10	shared by	2	=	
5.		÷	10	=	10
6.	130	=		plus	90
7.		=	100	minus	90
8.		groups of	10	=	90
9.	60	–	60	=	
10.	half	of	160	=	

Friday

1.	12	multiplied by	2	=	
2.	22	÷		=	11
3.	9	=		÷	5
4.	14	shared by	2	=	
5.		÷	10	=	11
6.	110	=		plus	90
7.		=	110	minus	90
8.		groups of	10	=	120
9.	90	–	90	=	
10.	half	of	140	=	

Ninja challenge

Sam has thirty counters. He **shares** the counters **equally** between Iko, Tom and Cho. How many counters do Iko, Tom and Cho get **each**?

Arithmetic Ninja 5-6 © Andrew Jennings, 2022

Monday

1.	16	minus	1	=	
2.	15	–	2	=	
3.	14	subtract	2	=	
4.	12	+	2	=	
5.	12	plus	1	=	
6.	3	+	12	=	
7.	1	x	10	=	
8.	7	groups of	1	=	
9.	10	÷	1	=	
10.	5	divided by	1	=	

Tuesday

1.	16	minus	2	=	
2.	15	–	1	=	
3.	14	subtract	1	=	
4.	12	+	1	=	
5.	12	plus	2	=	
6.	0	+	12	=	
7.	0	x	10	=	
8.	7	groups of	0	=	
9.	10	÷	1	=	
10.	5	divided by	1	=	

Wednesday

1.	12	minus	2	=	
2.	12	–	1	=	
3.	12	subtract	1	=	
4.	9	+	1	=	
5.	9	plus	2	=	
6.	2	+	9	=	
7.	2	x	9	=	
8.	9	groups of	2	=	
9.	15	÷	5	=	
10.	10	divided by	2	=	

Thursday

1.	12	minus	10	=	
2.	12	–	10	=	
3.	12	subtract	10	=	
4.	9	+	2	=	
5.	9	plus	3	=	
6.	4	+	9	=	
7.	2	x	5	=	
8.	6	groups of	2	=	
9.	20	÷	10	=	
10.	20	divided by	2	=	

Friday

1.	12	minus	9	=	
2.	13	–	9	=	
3.	14	subtract	9	=	
4.	9	+	4	=	
5.	9	plus	5	=	
6.	3	+	9	=	
7.	2	x	3	=	
8.	3	groups of	2	=	
9.	12	÷	2	=	
10.	9	divided by	1	=	

Ninja challenge

Tom has fifteen counters. Tom **shares** the counters equally between Sam, Iko and Cho. How many counters do Sam, Iko and Cho have **each**?

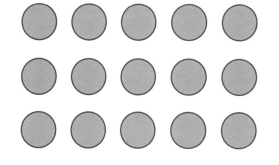

WEEK 31

Monday

1.	double	1	is equal	to	
2.	half of	2	is equal	to	
3.	double	2	is equal	to	
4.	half of	4	is equal	to	
5.	13	=	8	+	
6.	13	=		+	4
7.	13	=	6	+	
8.	one	lot of	5	is equal to	
9.	two	lots of	5	is equal to	
10.	three	lots of	5	is equal to	

Tuesday

1.	double	3	is equal	to	
2.	half of	6	is equal	to	
3.	double	4	is equal	to	
4.	half of	8	is equal	to	
5.	16	=	7	+	
6.	16	=		+	5
7.	16	=	14	+	
8.	four	lots of	5	is equal to	
9.	five	lots of	5	is equal to	
10.	six	lots of	5	is equal to	

Wednesday

1.	double	5	is equal	to	
2.	half of	10	is equal	to	
3.	double	6	is equal	to	
4.	half of	12	is equal	to	
5.	14	=	7	+	
6.	14	=		+	10
7.	14	=	3	+	
8.	seven	lots of	5	is equal to	
9.	eight	lots of	5	is equal to	
10.	nine	lots of	5	is equal to	

Thursday

1.	double	7	is equal	to	
2.	half of	14	is equal	to	
3.	double	8	is equal	to	
4.	half of	16	is equal	to	
5.	15	=	13	+	
6.	15	=		+	4
7.	15	=	8	+	
8.	ten	lots of	5	is equal to	
9.	eleven	lots of	5	is equal to	
10.	twelve	lots of	5	is equal to	

Friday

1.	double	9	is equal	to	
2.	half of	18	is equal	to	
3.	double	10	is equal	to	
4.	half of	20	is equal	to	
5.	16	=	13	+	
6.	16	=		+	2
7.	16	=	6	+	
8.	four	lots of	5	is equal to	
9.	six	lots of	5	is equal to	
10.	eight	lots of	5	is equal to	

Ninja challenge

Sam has thirty–two toy cars on the mat. Tom **takes** ten cars **away**. How many cars are left on the mat?

Monday

1.		groups of	5	=		30
2.		=	20	÷		5
3.	110	shared by	10	=		
4.	50	divided by		=		10
5.	18	=		x		2
6.		=	5	multiplied by		9
7.	16	shared by	2	=		
8.	80	+		=		140
9.	60	=	20	+		
10.	100	–	40	=		

Tuesday

1.		groups of	5	=		40
2.		=	30	÷		5
3.	60	shared by	10	=		
4.	60	divided by		=		12
5.	12	=		x		2
6.		=	5	multiplied by		8
7.	12	shared by	2	=		
8.	60	+		=		120
9.	40	=	20	+		
10.	90	–	30	=		

Wednesday

1.		groups of	5	=		20
2.		=	15	÷		5
3.	40	shared by	10	=		
4.	35	divided by		=		7
5.	18	=		x		2
6.		=	5	multiplied by		4
7.	14	shared by	2	=		
8.	40	+		=		80
9.	40	=	20	+		
10.	100	–	70	=		

Thursday

1.		groups of	5	=		30
2.		=	50	÷		5
3.	50	shared by	10	=		
4.	25	divided by		=		5
5.	8	=		x		2
6.		=	5	multiplied by		9
7.	10	shared by	2	=		
8.	50	+		=		90
9.	60	=	20	+		
10.	100	–	70	=		

Friday

1.		groups of	5	=		35
2.		=	40	÷		5
3.	80	shared by	10	=		
4.	40	divided by		=		4
5.	8	=		x		2
6.		=	5	multiplied by		8
7.	20	shared by	2	=		
8.	60	+		=		100
9.	80	=	40	+		
10.	100	–	50	=		

Ninja challenge

Iko makes six **groups** of five counters.
How many counters does she use in **total**?

WEEK 32

Monday

1.	20	minus	10	=	
2.	20	–	5	=	
3.	20	subtract	20	=	
4.	10	+	5	=	
5.	10	plus	10	=	
6.	0	+	10	=	
7.	10	x	3	=	
8.	2	groups of	10	=	
9.	10	÷	2	=	
10.	10	divided by	1	=	

Tuesday

1.	20	minus	3	=	
2.	20	–	9	=	
3.	20	subtract	12	=	
4.	10	+	2	=	
5.	10	plus	4	=	
6.	8	+	10	=	
7.	10	x	2	=	
8.	3	groups of	10	=	
9.	20	÷	10	=	
10.	20	divided by	5	=	

Wednesday

1.	17	minus	10	=	
2.	13	–	10	=	
3.	15	subtract	10	=	
4.	4	+	10	=	
5.	10	plus	6	=	
6.	7	+	10	=	
7.	10	x	1	=	
8.	4	groups of	10	=	
9.	20	÷	5	=	
10.	20	divided by	10	=	

Thursday

1.	13	minus	10	=	
2.	15	–	10	=	
3.	19	subtract	10	=	
4.	5	+	10	=	
5.	10	plus	9	=	
6.	2	+	10	=	
7.	5	x	2	=	
8.	3	groups of	5	=	
9.	20	÷	10	=	
10.	20	divided by	2	=	

Friday

1.	14	minus	10	=	
2.	16	–	10	=	
3.	18	subtract	10	=	
4.	1	+	10	=	
5.	10	plus	3	=	
6.	5	+	10	=	
7.	10	x	2	=	
8.	4	groups of	5	=	
9.	20	÷	5	=	
10.	20	divided by	4	=	

ninja challenge

Tom has twelve counters. Tom **shares** the counters equally between Sam, Iko and Cho. How many counters do Sam, Iko and Cho have **each**?

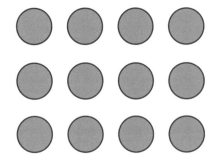

Arithmetic Ninja 5-6 © Andrew Jennings, 2022

WEEK 32

Monday

1.	half of	4	is equal	to		
2.	half of	2	is equal	to		
3.	quarter of	4	is equal	to		
4.	16	=		+	2	
5.	12	=	14	–		
6.		=	8	+	6	
7.	38	+	1	=		
8.		=	38	+	1	
9.		is	one	more than	38	
10.	38	add	1	is equal to		

Tuesday

1.	half of	8	is equal	to		
2.	half of	4	is equal	to		
3.	quarter of	8	is equal	to		
4.	19	=		+	3	
5.	13	=	16	–		
6.		=	4	+	12	
7.	57	+	1	=		
8.		=	57	+	1	
9.		is	one	more than	57	
10.	57	add	1	is equal to		

Wednesday

1.	half of	12	is equal	to		
2.	half of	6	is equal	to		
3.	quarter of	12	is equal	to		
4.	19	=		+	5	
5.	9	=	14	–		
6.		=	11	+	3	
7.	64	+	1	=		
8.		=	64	+	1	
9.		is	one	more than	64	
10.	64	add	1	is equal to		

Thursday

1.	half of	4	is equal	to		
2.	half of	2	is equal	to		
3.	quarter of	4	is equal	to		
4.	15	=		+	6	
5.	3	=	9	–		
6.		=	5	+	6	
7.	86	+	1	=		
8.		=	86	+	1	
9.		is	one	more than	86	
10.	86	add	1	is equal to		

Friday

1.	half of	8	is equal	to		
2.	half of	4	is equal	to		
3.	quarter of	8	is equal	to		
4.	16	=		+	5	
5.	6	=	11	–		
6.		=	4	+	5	
7.	93	+	1	=		
8.		=	93	+	1	
9.		is	one	more than	93	
10.	93	add	1	is equal to		

Ninja challenge

Tom has ten apples. Iko has ten oranges. Cho has ten bananas. How many pieces of fruit do they have **altogether**?

WEEK 32

Monday

1.		x	5	=	35
2.		=	40	÷	5
3.	80	÷	10	=	
4.	40	÷		=	4
5.	8	=		x	2
6.		=	5	x	8
7.	20	÷	2	=	
8.	60	+		=	100
9.	80	=	40	+	
10.	100	–	50	=	

Tuesday

1.		x	5	=	15
2.		=	20	÷	5
3.	30	÷	10	=	
4.	60	÷	5	=	
5.	16	=		x	2
6.		=	5	x	11
7.	10	÷	2	=	
8.	70	+		=	100
9.	60	=	10	+	
10.		–	80	=	20

Wednesday

1.		x	5	=	10
2.		=	20	÷	2
3.	20	÷	10	=	
4.	40	÷	5	=	
5.	22	=		x	2
6.		=	5	x	1
7.	12	÷	2	=	
8.	10	+		=	100
9.	50	=	30	+	
10.		–	50	=	40

Thursday

1.		x	5	=	5
2.		=	10	÷	2
3.	10	÷	5	=	
4.	20	÷	10	=	
5.	10	=		x	2
6.		=	5	x	4
7.	20	÷	2	=	
8.	20	+		=	30
9.	30	=	30	+	
10.		–	60	=	20

Friday

1.		x	5	=	50
2.		=	50	÷	5
3.	50	÷	5	=	
4.	10	÷	5	=	
5.	20	=		x	4
6.		=	10	x	10
7.	50	÷	10	=	
8.	50	+		=	100
9.	100	=	70	+	
10.		–	60	=	10

Ninja challenge

Iko has six **groups** of five counters. How many counters does Iko have in **total**?

Monday

1.	10	minus	10	=	
2.	11	–	10	=	
3.	14	subtract	10	=	
4.	19	–	10	=	
5.	12	–	10	=	
6.	13	–	10	=	
7.	10	÷	2	=	
8.	4	shared by	2	=	
9.	8	÷	2	=	
10.	6	divided by	2	=	

Tuesday

1.	12	minus	10	=	
2.	20	–	10	=	
3.	13	subtract	10	=	
4.	17	–	10	=	
5.	14	take away	10	=	
6.	10	–	10	=	
7.	8	÷	2	=	
8.	6	shared by	2	=	
9.	2	÷	2	=	
10.	4	divided by	2	=	

Wednesday

1.	17	minus	10	=	
2.	13	–	10	=	
3.	15	subtract	10	=	
4.	18	–	10	=	
5.	15	take away	10	=	
6.	16	–	10	=	
7.	6	÷	2	=	
8.	2	shared by	2	=	
9.	10	÷	2	=	
10.	8	divided by	2	=	

Thursday

1.	19	minus	10	=	
2.	11	–	10	=	
3.	17	subtract	10	=	
4.	15	–	10	=	
5.	12	take away	10	=	
6.	20	–	10	=	
7.	10	÷	2	=	
8.	6	shared by	2	=	
9.	0	÷	2	=	
10.	2	divided by	2	=	

Friday

1.	20	minus	10	=	
2.	10	–	10	=	
3.	15	subtract	10	=	
4.	17	–	10	=	
5.	14	take away	10	=	
6.	19	–	10	=	
7.	8	÷	2	=	
8.	10	shared by	2	=	
9.	2	÷	2	=	
10.	4	divided by	2	=	

Ninja challenge

Sam has ten counters. Sam **shares** the counters equally between Iko and Cho. How many counters do Iko and Cho have **each**? Draw arrays to divide.

Monday

1.	84	–	1	=	
2.	86	–	1	=	
3.	89	–	1	=	
4.	18	=		+	5
5.	7	=	13	–	
6.	13	–		=	8
7.		+	6	=	19
8.	one	group of	10	is equal to	
9.	two	groups of	10	is equal to	
10.	three	groups of	10	is equal to	

Tuesday

1.	72	–	1	=	
2.	75	–	1	=	
3.	78	–	1	=	
4.	11	=		+	3
5.	9	=	14	–	
6.	14	–		=	8
7.		–	8	=	8
8.	four	groups of	10	is equal to	
9.	five	groups of	10	is equal to	
10.	six	groups of	10	is equal to	

Wednesday

1.	91	–	1	=	
2.	96	–	1	=	
3.	98	–	1	=	
4.	12	=		–	4
5.	19	=	16	+	
6.	16	–		=	9
7.		–	7	=	10
8.	seven	groups of	10	is equal to	
9.	eight	groups of	10	is equal to	
10.	nine	groups of	10	is equal to	

Thursday

1.	74	–	1	=	
2.	78	–	1	=	
3.	72	–	1	=	
4.	14	=		–	3
5.	19	=	17	+	
6.		–	6	=	11
7.	11	+		=	18
8.	two	groups of	10	is equal to	
9.	three	groups of	10	is equal to	
10.	four	groups of	10	is equal to	

Friday

1.	53	–	1	=	
2.	56	–	1	=	
3.	59	–	1	=	
4.	14	=		–	2
5.	18	=	16	+	
6.		–	6	=	12
7.	12	+		=	14
8.	five	groups of	10	is equal to	
9.	six	groups of	10	is equal to	
10.	seven	groups of	10	is equal to	

Ninja challenge

Iko counts twenty books on the shelf. Tom **adds** five books to the shelf and Sam **adds** two more. How many books are now on the shelf?

Monday

1.	104	–		=	99
2.		=	50	+	40
3.	50	÷	5	=	
4.	16	÷	2	=	
5.	40	=		x	5
6.		=	11	x	10
7.		–	7 + 3	=	40
8.	2	x		=	16
9.	90	=	60	+	
10.		–	100	=	0

Tuesday

1.	107	–		=	99
2.		=	60	+	30
3.	60	÷	5	=	
4.	18	÷	2	=	
5.	45	=		x	5
6.		=	9	x	10
7.		–	7 + 3	=	30
8.	2	x		=	14
9.	60	=	60	+	
10.		–	60	=	10

Wednesday

1.	103	–		=	94
2.		=	20	+	30
3.	35	÷	5	=	
4.	12	÷	2	=	
5.	25	=		x	5
6.		=	8	x	10
7.		–	7 + 3	=	50
8.	2	x		=	22
9.	40	=	20	+	
10.		–	70	=	10

Thursday

1.	106	–		=	98
2.		=	20	+	15
3.	40	÷	5	=	
4.	14	÷	2	=	
5.	30	=		x	5
6.		=	4	x	10
7.		–	7 + 3	=	60
8.	2	x		=	8
9.	20	=	20	+	
10.		–	60	=	30

Friday

1.	109	–		=	99
2.		=	20	+	30
3.	35	÷	5	=	
4.	22	÷	2	=	
5.	40	=		x	5
6.		=	5	x	10
7.		–	7 + 3	=	20
8.	2	x		=	10
9.	70	=	20	+	
10.		–	30	=	20

Ninja challenge

Sam has eighteen counters. He **shares** the counters **equally** between Tom and Cho. How many counters do Tom and Cho get **each**?

WEEK 34

Monday				
1.	20	subtract	9	=
2.	10	–	9	=
3.	15	take away	9	=
4.	17	–	9	=
5.	14	minus	9	=
6.	19	–	9	=
7.	12	÷	2	=
8.	10	shared by	2	=
9.	4	÷	2	=
10.	8	divided by	2	=

Tuesday				
1.	18	subtract	9	=
2.	12	–	9	=
3.	13	take away	9	=
4.	20	–	9	=
5.	15	minus	9	=
6.	11	–	9	=
7.	2	÷	2	=
8.	6	shared by	2	=
9.	4	÷	2	=
10.	12	divided by	2	=

Wednesday				
1.	15	subtract	9	=
2.	13	–	9	=
3.	14	take away	9	=
4.	19	–	9	=
5.	17	minus	9	=
6.	12	–	9	=
7.	12	÷	2	=
8.	10	shared by	2	=
9.	2	÷	2	=
10.	8	divided by	2	=

Thursday				
1.	14	subtract	9	=
2.	19	–	9	=
3.	20	take away	9	=
4.	11	–	9	=
5.	13	minus	9	=
6.	15	–	9	=
7.	8	÷	2	=
8.	6	shared by	2	=
9.	12	÷	2	=
10.	4	divided by	2	=

Friday				
1.	13	subtract	9	=
2.	11	–	9	=
3.	12	take away	9	=
4.	15	–	9	=
5.	19	minus	9	=
6.	17	–	9	=
7.	4	÷	2	=
8.	12	shared by	2	=
9.	10	÷	2	=
10.	8	divided by	2	=

Ninja challenge

Tom has twenty counters. Tom **shares** the counters equally between Sam and Cho. How many counters do Sam and Cho have **each**? Draw arrays to divide.

Arithmetic Ninja 5-6 © Andrew Jennings, 2022

WEEK 34

Monday

1.	93	–	1	=
2.		=	93	–	1
3.		is	one	less than	93
4.	93	subtract	1	is equal to
5.	one	lot of	5	is equal to
6.	two	lots of	5	is equal to
7.	three	lots of	5	is equal to
8.	half of	4	is equal	to
9.	half of	2	is equal	to
10.	quarter of	4	is equal	to

Tuesday

1.	78	–	1	=
2.		=	78	–	1
3.		is	one	less than	78
4.	78	subtract	1	is equal to
5.	two	lots of	5	is equal to
6.	three	lots of	5	is equal to
7.	four	lots of	5	is equal to
8.	half of	8	is equal	to
9.	half of	4	is equal	to
10.	quarter of	8	is equal	to

Wednesday

1.	69	–	1	=
2.		=	69	–	1
3.		is	one	less than	69
4.	69	subtract	1	is equal to
5.	three	lots of	5	is equal to
6.	four	lots of	5	is equal to
7.	five	lots of	5	is equal to
8.	half of	12	is equal	to
9.	half of	6	is equal	to
10.	quarter of	12	is equal	to

Thursday

1.	57	–	1	=
2.		=	57	–	1
3.		is	one	less than	57
4.	57	subtract	1	is equal to
5.	four	lots of	5	is equal to
6.	five	lots of	5	is equal to
7.	six	lots of	5	is equal to
8.	half of	16	is equal	to
9.	half of	8	is equal	to
10.	quarter of	16	is equal	to

Friday

1.	96	–	1	=
2.		=	96	–	1
3.		is	one	less than	96
4.	96	subtract	1	is equal to
5.	five	lots of	5	is equal to
6.	six	lots of	5	is equal to
7.	seven	lots of	5	is equal to
8.	half of	20	is equal	to
9.	half of	10	is equal	to
10.	quarter of	20	is equal	to

Ninja challenge

Cho counts twenty birds in the sky. Tom counts six **more** and Iko spots five **more**. How many birds do they spot in **total**?

WEEK 34

Monday

1.		–	9	=	96
2.		=	20	+	25
3.	50	÷	5	=	
4.	18	÷	2	=	
5.		=	9	x	5
6.		=	6	x	10
7.		–	20	=	20
8.	2	x		=	14
9.	55	=	15	+	
10.		–	30	=	25

Tuesday

1.		–	9	=	98
2.		=	20	+	15
3.	15	÷	5	=	
4.	16	÷	2	=	
5.		=	3	x	5
6.		=	9	x	10
7.		–	20	=	30
8.	2	x		=	20
9.	65	=	15	+	
10.		–	30	=	35

Wednesday

1.		subtract	9	=	93
2.		=	20	+	25
3.	20	divided by	5	=	
4.	20	÷	2	=	
5.		=	6	x	5
6.		=	5	x	10
7.		–	20	=	40
8.	2	times		=	22
9.	45	=	25	plus	
10.		–	30	=	45

Thursday

1.		subtract	9	=	94
2.		=	20	+	35
3.	40	divided by	5	=	
4.	24	÷	2	=	
5.		=	10	x	5
6.		=	8	x	10
7.		–	17 + 3	=	10
8.	2	times		=	18
9.	60	=	25	plus	
10.		–	60	=	25

Friday

1.		subtract	9	=	92
2.		=	20	+	45
3.	0	divided by	5	=	
4.	2	÷	2	=	
5.		=	7	x	5
6.		=	10	x	10
7.		–	20	=	20
8.	2	times		=	16
9.	50	=	25	plus	
10.		–	60	=	40

Ninja challenge

Iko shares thirty–five counters into **equal groups** of five counters. How many groups of five will Iko have?

WEEK 35

Monday

1.	14	add	5	=	
2.	13	+	5	=	
3.	12	plus	5	=	
4.	11	–	9	=	
5.	13	minus	9	=	
6.	15	–	9	=	
7.	8	÷	2	=	
8.	6	shared by	2	=	
9.	12	÷	2	=	
10.	4	x	2	=	

Tuesday

1.	12	add	5	=	
2.	11	+	5	=	
3.	13	plus	5	=	
4.	18	–	9	=	
5.	12	minus	9	=	
6.	14	–	9	=	
7.	10	÷	2	=	
8.	12	shared by	2	=	
9.	8	÷	2	=	
10.	3	x	2	=	

Wednesday

1.	10	add	5	=	
2.	9	+	5	=	
3.	11	plus	5	=	
4.	13	–	9	=	
5.	19	minus	9	=	
6.	20	–	9	=	
7.	10	÷	2	=	
8.	6	shared by	2	=	
9.	4	÷	2	=	
10.	5	x	2	=	

Thursday

1.	9	add	6	=	
2.	9	+	7	=	
3.	9	plus	3	=	
4.	14	–	9	=	
5.	15	minus	9	=	
6.	16	–	9	=	
7.	12	÷	2	=	
8.	8	shared by	2	=	
9.	6	÷	2	=	
10.	2	x	2	=	

Friday

1.	9	add	4	=	
2.	9	+	5	=	
3.	9	plus	6	=	
4.	15	–	9	=	
5.	11	minus	9	=	
6.	19	–	9	=	
7.	10	÷	2	=	
8.	4	shared by	2	=	
9.	8	÷	2	=	
10.	6	x	2	=	

Ninja challenge

Sam has nine counters. Sam **shares** the counters equally between Iko, Cho and Tom. How many counters do Iko, Cho and Tom have **each**? Draw arrays to divide.

WEEK 35

Monday

1.	six	lots of	5	is equal to	
2.	seven	lots of	5	is equal to	
3.	eight	lots of	5	is equal to	
4.	20	+	3	=	
5.	20	+	6	=	
6.	20	+	8	=	
7.	58	–	1	=	
8.		=	58	–	1
9.		is	one	less than	58
10.	58	subtract	1	is equal to	

Tuesday

1.	seven	lots of	5	is equal to	
2.	eight	lots of	5	is equal to	
3.	nine	lots of	5	is equal to	
4.	20	+	1	=	
5.	20	+	5	=	
6.	20	+	7	=	
7.	82	–	1	=	
8.		=	82	–	1
9.		is	one	less than	82
10.	82	subtract	1	is equal to	

Wednesday

1.	eight	lots of	5	is equal to	
2.	nine	lots of	5	is equal to	
3.	ten	lots of	5	is equal to	
4.	20	+	9	=	
5.	20	+	6	=	
6.	20	+	4	=	
7.	66	–	1	=	
8.		=	66	–	1
9.		is	one	less than	66
10.	66	subtract	1	is equal to	

Thursday

1.	nine	lots of	5	is equal to	
2.	ten	lots of	5	is equal to	
3.	eleven	lots of	5	is equal to	
4.	21	+	3	=	
5.	21	+	6	=	
6.	21	+	4	=	
7.	78	–	1	=	
8.		=	78	–	1
9.		is	one	less than	78
10.	78	subtract	1	is equal to	

Friday

1.	ten	lots of	5	is equal to	
2.	eleven	lots of	5	is equal to	
3.	twelve	lots of	5	is equal to	
4.	21	+	7	=	
5.	21	+	2	=	
6.	21	+	8	=	
7.	57	–	1	=	
8.		=	57	–	1
9.		is	one	less than	57
10.	57	subtract	1	is equal to	

Ninja challenge

Sam makes two **groups** of seven cakes.
Iko makes three **groups** of three cakes.
How many cakes do they have **altogether**?

WEEK 35

Monday

1.		subtract	11	=	90
2.	65	=	20	+	
3.	55	divided by	5	=	
4.	24	÷	2	=	
5.	35	=		x	5
6.		=	2	x	20
7.	40	–	20	=	
8.	2	times	30	=	
9.	40	=		plus	15
10.	100	–	60	=	

Tuesday

1.		subtract	11	=	91
2.	55	=	10	+	
3.	35	divided by	5	=	
4.	16	÷	2	=	
5.	60	=		x	5
6.		=	1	x	20
7.	40	–	20	=	
8.	1	times	30	=	
9.	20	=		plus	15
10.	100	–	50	=	

Wednesday

1.		subtract	11	=	94
2.	35	=	10	+	
3.	25	divided by	5	=	
4.	20	÷	2	=	
5.	50	=		x	5
6.		=	2	x	20
7.	50	–	20	=	
8.	2	times	30	=	
9.	30	=		plus	15
10.	50	–	50	=	

Thursday

1.		subtract	11	=	98
2.	55	=	20	+	
3.	45	divided by	5	=	
4.	26	÷	2	=	
5.	60	=		x	5
6.		=	3	x	20
7.	60	–	20	=	
8.	3	times	30	=	
9.	90	=		plus	70
10.	90	–	60	=	

Friday

1.		subtract	11	=	99
2.	65	=	30	+	
3.	60	divided by	5	=	
4.	40	÷	2	=	
5.	60	=		x	5
6.		=	2	x	20
7.	50	–	20	=	
8.	2	times	30	=	
9.	70	=		plus	40
10.	80	–	70	=	

Ninja challenge

Iko makes seven **groups** of five counters. How many counters does she use in **total**?

WEEK 36

Monday					
1.	9	add	10	=	
2.	9	+	6	=	
3.	9	plus	9	=	
4.	19	–	9	=	
5.	11	minus	9	=	
6.	16	–	9	=	
7.	14	÷	2	=	
8.	8	shared by	2	=	
9.	2	x	5	=	
10.	6	x	2	=	

Tuesday					
1.	9	add	8	=	
2.	9	+	7	=	
3.	9	plus	6	=	
4.	17	–	9	=	
5.	14	minus	9	=	
6.	12	–	9	=	
7.	10	÷	2	=	
8.	12	shared by	2	=	
9.	2	x	7	=	
10.	4	x	2	=	

Wednesday					
1.	9	add	4	=	
2.	9	+	2	=	
3.	9	plus	3	=	
4.	16	–	9	=	
5.	12	minus	9	=	
6.	11	–	9	=	
7.	14	÷	2	=	
8.	8	shared by	2	=	
9.	2	x	5	=	
10.	3	x	2	=	

Thursday					
1.	9	add	5	=	
2.	9	+	4	=	
3.	9	plus	1	=	
4.	19	–	9	=	
5.	15	minus	9	=	
6.	13	–	9	=	
7.	12	÷	2	=	
8.	10	shared by	2	=	
9.	2	x	6	=	
10.	7	x	2	=	

Friday					
1.	9	add	6	=	
2.	9	+	2	=	
3.	9	plus	4	=	
4.	11	–	9	=	
5.	15	minus	9	=	
6.	13	–	9	=	
7.	14	÷	2	=	
8.	4	shared by	2	=	
9.	2	x	10	=	
10.	5	x	2	=	

Ninja challenge

Iko has 12 counters. Iko **shares** the counters equally between Sam, Cho and Tom. How many counters do Sam, Cho and Tom have **each**? Draw arrays to divide.

Arithmetic Ninja 5-6 © Andrew Jennings, 2022

Monday

1.	22	+	3	=	
2.	23	+	3	=	
3.	24	+	3	=	
4.		is	one	more than	44
5.		is	one	less than	45
6.	45	–	1	=	
7.		=	44	+	1
8.	one	lot of	10	is equal to	
9.	two	lots of	10	is equal to	
10.	three	lots of	10	is equal to	

Tuesday

1.	24	+	2	=	
2.	25	+	2	=	
3.	26	+	2	=	
4.		is	one	more than	67
5.		is	one	less than	68
6.	68	–	1	=	
7.		=	67	+	1
8.	two	lots of	10	is equal to	
9.	three	lots of	10	is equal to	
10.	four	lots of	10	is equal to	

Wednesday

1.	22	+	4	=	
2.	23	+	4	=	
3.	24	+	4	=	
4.		is	one	more than	93
5.		is	one	less than	94
6.	94	–	1	=	
7.		=	93	+	1
8.	three	lots of	10	is equal to	
9.	four	lots of	10	is equal to	
10.	five	lots of	10	is equal to	

Thursday

1.	21	+	5	=	
2.	22	+	5	=	
3.	23	+	5	=	
4.		is	one	more than	84
5.		is	one	less than	85
6.	85	–	1	=	
7.		=	84	+	1
8.	four	lots of	10	is equal to	
9.	five	lots of	10	is equal to	
10.	six	lots of	10	is equal to	

Friday

1.	24	+	3	=	
2.	25	+	3	=	
3.	26	+	3	=	
4.		is	one	more than	66
5.		is	one	less than	67
6.	67	–	1	=	
7.		=	66	+	1
8.	five	lots of	10	is equal to	
9.	six	lots of	10	is equal to	
10.	seven	lots of	10	is equal to	

Ninja challenge

Sam has twelve stickers. Tom has ten stickers. Iko **takes** eight stickers **away**. How many stickers are **left**?

WEEK 36

Monday

1.		subtract	11	=	98
2.	95	=	60	+	
3.	55	divided by	5	=	
4.	30	÷	2	=	
5.	45	=		x	5
6.		=	2	x	30
7.	60	–	30	=	
8.	1	times	30	=	
9.	120	=		plus	90
10.	110	–	70	=	

Tuesday

1.		subtract	11	=	93
2.	105	=	60	+	
3.	45	divided by	5	=	
4.	40	÷	2	=	
5.	25	=		x	5
6.		=	2	x	40
7.	50	–	30	=	
8.	2	times	30	=	
9.	110	=		plus	60
10.	120	–	100	=	

Wednesday

1.		subtract	11	=	90
2.	110	=	70	+	
3.	15	divided by	5	=	
4.	60	÷	2	=	
5.	20	=		x	5
6.		=	2	x	50
7.	30	–	10	=	
8.	1	times	30	=	
9.	120	=		plus	110
10.	120	–	60	=	

Thursday

1.		subtract	11	=	94
2.	110	=	90	+	
3.	20	divided by	5	=	
4.	80	÷	2	=	
5.	30	=		x	5
6.		=	2	x	40
7.	40	–	10	=	
8.	2	times	30	=	
9.	100	=		plus	90
10.	120	–	60	=	

Friday

1.		subtract	11	=	91
2.	120	=	90	+	
3.	40	divided by	5	=	
4.	100	÷	2	=	
5.	40	=		x	5
6.		=	2	x	30
7.	50	–	10	=	
8.	2	times	40	=	
9.	120	=		plus	90
10.	100	–	60	=	

Ninja challenge

Sam has four **groups** of ten counters. How many counters does Sam have in **total**?

WEEK 37

Monday

1.	8	add	6	=	
2.	8	+	2	=	
3.	8	plus	4	=	
4.	11	–	7	=	
5.	15	minus	7	=	
6.	13	–	7	=	
7.	10	÷	10	=	
8.	20	shared by	10	=	
9.	2	x	10	=	
10.	5	x	10	=	

Tuesday

1.	8	add	4	=	
2.	8	+	3	=	
3.	8	plus	5	=	
4.	12	–	7	=	
5.	16	minus	7	=	
6.	13	–	7	=	
7.	30	÷	10	=	
8.	40	shared by	10	=	
9.	4	x	10	=	
10.	3	x	10	=	

Wednesday

1.	8	add	9	=	
2.	8	+	7	=	
3.	8	plus	8	=	
4.	13	–	7	=	
5.	10	minus	7	=	
6.	12	–	7	=	
7.	50	÷	10	=	
8.	20	shared by	10	=	
9.	5	x	10	=	
10.	2	x	10	=	

Thursday

1.	8	add	3	=	
2.	8	+	5	=	
3.	8	plus	2	=	
4.	14	–	7	=	
5.	15	minus	7	=	
6.	10	–	7	=	
7.	60	÷	10	=	
8.	10	shared by	10	=	
9.	6	x	10	=	
10.	1	x	10	=	

Friday

1.	8	add	4	=	
2.	8	+	8	=	
3.	8	plus	6	=	
4.	11	–	7	=	
5.	12	minus	7	=	
6.	13	–	7	=	
7.	30	÷	10	=	
8.	50	shared by	10	=	
9.	5	x	10	=	
10.	2	x	10	=	

Ninja challenge

Sam has fourteen counters. Sam **shares** the counters equally between Iko and Cho. How many counters do Iko and Cho have **each**?

Monday

1.	29	–	4	=	
2.	28	–	4	=	
3.	27	–	4	=	
4.		is	one	more than	67
5.		is	one	less than	68
6.	68	–	1	=	
7.		=	67	+	1
8.	six	lots of	10	is equal to	
9.	seven	lots of	10	is equal to	
10.	eight	lots of	10	is equal to	

Tuesday

1.	28	–	3	=	
2.	27	–	3	=	
3.	26	–	3	=	
4.		is	one	more than	53
5.		is	one	less than	54
6.	54	–	1	=	
7.		=	53	+	1
8.	seven	lots of	10	is equal to	
9.	eight	lots of	10	is equal to	
10.	nine	lots of	10	is equal to	

Wednesday

1.	27	–	2	=	
2.	26	–	2	=	
3.	25	–	2	=	
4.		is	one	more than	78
5.		is	one	less than	79
6.	79	–	1	=	
7.		=	78	+	1
8.	eight	lots of	10	is equal to	
9.	nine	lots of	10	is equal to	
10.	ten	lots of	10	is equal to	

Thursday

1.	28	–	5	=	
2.	27	–	5	=	
3.	26	–	5	=	
4.		is	one	more than	55
5.		is	one	less than	56
6.	56	–	1	=	
7.		=	55	+	1
8.	four	lots of	10	is equal to	
9.	six	lots of	10	is equal to	
10.	eight	lots of	10	is equal to	

Friday

1.	29	–	4	=	
2.	28	–	4	=	
3.	27	–	4	=	
4.		is	one	more than	94
5.		is	one	less than	95
6.	95	–	1	=	
7.		=	94	+	1
8.	three	lots of	10	is equal to	
9.	seven	lots of	10	is equal to	
10.	two	lots of	10	is equal to	

Ninja challenge

Iko has six **groups** of ten counters. Sam has four counters and Cho has six counters. How may counters do they have **altogether**?

Monday

1.		take away	11	=		96
2.	120	=		+	40	
3.	55	divided by	5	=		
4.	20	÷	2	=		
5.	20	=		groups of	5	
6.		=	2	x	40	
7.	40	–	10	=		
8.	2	multiplied by	40	=		
9.	100	=		add	70	
10.	120	–	60	=		

Tuesday

1.		take away	11	=		96
2.	120	=		+	40	
3.	55	divided by	5	=		
4.	20	÷	2	=		
5.	20	=		groups of	5	
6.		=	2	x	40	
7.	double 20	–	10	=		
8.	2	multiplied by	40	=		
9.		=	20	add	70	
10.	210	subtract	20	=		

Wednesday

1.		take away	15	=		90
2.	130	=		+	40	
3.	35	divided by	5	=		
4.	30	÷	2	=		
5.	30	=		groups of	5	
6.		=	2	x	10	
7.	double 10	–	10	=		
8.	2	multiplied by	20	=		
9.		=	30	add	70	
10.	210	subtract	30	=		

Thursday

1.		take away	15	=		95
2.	130	=		+	60	
3.	45	divided by	5	=		
4.	20	÷	2	=		
5.	40	=		groups of	5	
6.		=	3	x	10	
7.	double 20	–	10	=		
8.	2	multiplied by	10	=		
9.		=	30	add	50	
10.	210	subtract	50	=		

Friday

1.		take away	15	=		100
2.	110	=		+	40	
3.	55	divided by	5	=		
4.	40	÷	2	=		
5.	50	=		groups of	5	
6.		=	9	x	10	
7.	double 30	–	10	=		
8.	3	multiplied by	10	=		
9.		=	20	add	20	
10.	210	subtract	20	=		

Ninja challenge

Tom, Iko, Cho and Sam have ten counters **each**. How many counters do they have **altogether**?

WEEK 38

Monday

1.	7	add	4	=	
2.	7	+	8	=	
3.	7	plus	6	=	
4.	11	–	6	=	
5.	13	minus	6	=	
6.	14	–	6	=	
7.	40	÷	10	=	
8.	60	shared by	10	=	
9.	7	x	10	=	
10.	4	x	10	=	

Tuesday

1.	7	add	5	=	
2.	7	+	9	=	
3.	7	plus	5	=	
4.	14	–	6	=	
5.	16	minus	6	=	
6.	13	–	6	=	
7.	50	÷	10	=	
8.	40	shared by	10	=	
9.	3	x	10	=	
10.	2	x	10	=	

Wednesday

1.	6	add	5	=	
2.	6	+	9	=	
3.	6	plus	7	=	
4.	14	–	5	=	
5.	12	minus	5	=	
6.	13	–	6	=	
7.	60	÷	10	=	
8.	30	shared by	10	=	
9.	4	x	10	=	
10.	5	x	10	=	

Thursday

1.	9	add	5	=	
2.	9	+	7	=	
3.	9	plus	9	=	
4.	14	–	9	=	
5.	12	minus	9	=	
6.	13	–	9	=	
7.	70	÷	10	=	
8.	60	shared by	10	=	
9.	6	x	10	=	
10.	7	x	10	=	

Friday

1.	8	add	5	=	
2.	9	+	7	=	
3.	7	plus	9	=	
4.	14	–	7	=	
5.	12	minus	9	=	
6.	13	–	8	=	
7.	50	÷	10	=	
8.	30	shared by	10	=	
9.	3	x	10	=	
10.	5	x	10	=	

ninja challenge

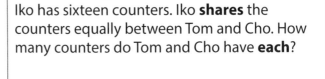

Iko has sixteen counters. Iko **shares** the counters equally between Tom and Cho. How many counters do Tom and Cho have **each**?

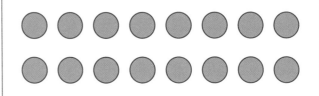

Arithmetic Ninja 5-6 © Andrew Jennings, 2022

Monday

1.	double	1	is equal	to	
2.	one	lot of	2	is equal to	
3.	half of	2	is equal	to	
4.	18	+	2	=	
5.	18	+	3	=	
6.	18	+	4	=	
7.	46	subtract	1	is equal to	
8.		+	1	=	46
9.		is	1	more than	45
10.	45	is	1	less than	

Tuesday

1.	double	2	is equal	to	
2.	two	lots of	2	is equal to	
3.	half of	4	is equal	to	
4.	19	+	1	=	
5.	19	+	2	=	
6.	19	+	3	=	
7.	78	subtract	1	is equal to	
8.		+	1	=	78
9.		is	1	more than	77
10.	77	is	1	less than	

Wednesday

1.	double	3	is equal	to	
2.	three	lots of	2	is equal to	
3.	half of	6	is equal	to	
4.	16	+	4	=	
5.	16	+	5	=	
6.	16	+	6	=	
7.	94	subtract	1	is equal to	
8.		+	1	=	94
9.		is	1	more than	93
10.	93	is	1	less than	

Thursday

1.	double	4	is equal	to	
2.	four	lots of	2	is equal to	
3.	half of	8	is equal	to	
4.	17	+	4	=	
5.	17	+	5	=	
6.	17	+	6	=	
7.	89	subtract	1	is equal to	
8.		+	1	=	89
9.		is	1	more than	88
10.	88	is	1	less than	

Friday

1.	double	5	is equal	to	
2.	five	lots of	2	is equal to	
3.	half of	10	is equal	to	
4.	19	+	5	=	
5.	19	+	6	=	
6.	19	+	7	=	
7.	63	subtract	1	is equal to	
8.		+	1	=	63
9.		is	1	more than	62
10.	62	is	1	less than	

Ninja challenge

Cho has five **groups** of ten counters. Sam has two **groups** of ten counters. How many counters do they have in **total**?

WEEK 38

Monday

1.		take away	25	=	90
2.	120	=		+	60
3.	25	divided by	5	=	
4.	22	÷	2	=	
5.	30	=		groups of	5
6.		=	4	x	10
7.	double 12	–	10	=	
8.	5	multiplied by	10	=	
9.		=	20	add	30
10.	210	subtract	30	=	

Tuesday

1.		take away	25	=	95
2.	130	=		+	70
3.	35	divided by	5	=	
4.	24	÷	2	=	
5.	20	=		groups of	5
6.		=	6	x	10
7.	double 8	–	10	=	
8.	5	multiplied by	10	=	
9.		=	20	add	50
10.	220	subtract	30	=	

Wednesday

1.		take away	25	=	80
2.	130	=		+	40
3.	30	divided by	5	=	
4.	18	÷	2	=	
5.	30	=		groups of	5
6.		=	4	x	10
7.	double 14	–	10	=	
8.	9	multiplied by	10	=	
9.		=	40	add	40
10.	200	subtract	30	=	

Thursday

1.		take away	25	=	75
2.	100	=		+	10
3.	35	divided by	5	=	
4.	20	÷	2	=	
5.	50	=		groups of	5
6.		=	3	x	10
7.	double 6	–	10	=	
8.	10	multiplied by	10	=	
9.		=	40	add	60
10.	210	subtract	50	=	

Friday

1.		take away	15	=	85
2.	100	=		+	85
3.	60	divided by	5	=	
4.	40	÷	2	=	
5.	60	=		groups of	5
6.		=	12	x	10
7.	double 20	–	10	=	
8.	12	multiplied by	10	=	
9.		=	90	add	30
10.	210	subtract	90	=	

Ninja challenge

Tom has forty–five counters. He **shares** them **equally** into **groups** of five. How many groups of five will Tom have?

Arithmetic Ninja 5-6 © Andrew Jennings, 2022

WEEK 39

Monday

1.	8	add	4	=	
2.	8	+	8	=	
3.	8	plus	6	=	
4.	11	–	7	=	
5.	13	minus	7	=	
6.	14	–	7	=	
7.	30	÷	10	=	
8.	40	shared by	10	=	
9.	6	x	10	=	
10.	5	x	10	=	

Tuesday

1.	10	add	5	=	
2.	10	+	9	=	
3.	10	plus	5	=	
4.	10	–	6	=	
5.	10	minus	6	=	
6.	11	–	6	=	
7.	70	÷	10	=	
8.	10	shared by	10	=	
9.	1	x	10	=	
10.	0	x	10	=	

Wednesday

1.	9	add	5	=	
2.	9	+	9	=	
3.	9	plus	7	=	
4.	9	–	5	=	
5.	11	minus	5	=	
6.	13	–	6	=	
7.	40	÷	10	=	
8.	50	shared by	10	=	
9.	2	x	10	=	
10.	1	x	10	=	

Thursday

1.	1	add	11	=	
2.	1	+	13	=	
3.	1	plus	15	=	
4.	12	–	9	=	
5.	14	minus	9	=	
6.	16	–	9	=	
7.	10	÷	10	=	
8.	40	shared by	10	=	
9.	1	x	10	=	
10.	2	x	10	=	

Friday

1.	8	add	5	=	
2.	9	+	7	=	
3.	6	plus	9	=	
4.	14	–	6	=	
5.	12	minus	8	=	
6.	13	–	7	=	
7.	10	÷	10	=	
8.	80	shared by	10	=	
9.	2	x	10	=	
10.	6	x	10	=	

Ninja challenge

Iko has 11 counters. Tom **takes** 6 counters **away**. How many counters does Iko have left?

WEEK 39

Monday

1.	double	6	is equal	to		
2.	six	lots of	2	is equal to		
3.	half of	12	is equal	to		
4.	24	–	4	=		
5.	24	–	5	=		
6.	24	–	6	=		
7.	78	subtract	1	is equal to		
8.		+	1	=	78	
9.		is	1	more than	77	
10.	77	is	1	less than		

Tuesday

1.	double	7	is equal	to		
2.	seven	lots of	2	is equal to		
3.	half of	14	is equal	to		
4.	25	–	5	=		
5.	25	–	6	=		
6.	25	–	7	=		
7.	86	subtract	1	is equal to		
8.		+	1	=	86	
9.		is	1	more than	85	
10.	85	is	1	less than		

Wednesday

1.	double	8	is equal	to		
2.	eight	lots of	2	is equal to		
3.	half of	16	is equal	to		
4.	26	–	7	=		
5.	26	–	8	=		
6.	26	–	9	=		
7.	64	subtract	1	is equal to		
8.		+	1	=	64	
9.		is	1	more than	63	
10.	63	is	1	less than		

Thursday

1.	double	9	is equal	to		
2.	nine	lots of	2	is equal to		
3.	half of	18	is equal	to		
4.	24	–	6	=		
5.	24	–	7	=		
6.	24	–	8	=		
7.	95	subtract	1	is equal to		
8.		+	1	=	95	
9.		is	1	more than	94	
10.	94	is	1	less than		

Friday

1.	double	10	is equal	to		
2.	ten	lots of	2	is equal to		
3.	half of	20	is equal	to		
4.	27	–	7	=		
5.	27	–	8	=		
6.	27	–	9	=		
7.	83	subtract	1	is equal to		
8.		+	1	=	83	
9.		is	1	more than	82	
10.	82	is	1	less than		

Ninja challenge

Iko has forty counters. Sam has ten counters. Cho has ten counters. Tom has twenty counters. How many counters do they have **altogether**?

Arithmetic Ninja 5-6 © Andrew Jennings, 2022

WEEK 39

Monday

1.		take away	25	=	75
2.	130	=		+	70
3.	20	divided by	5	=	
4.	18	÷	2	=	
5.	25	=		groups of	5
6.		=	5	x	10
7.	double 10	–	10	=	
8.	6	multiplied by	10	=	
9.		=	20	add	20
10.	150	subtract	30	=	

Tuesday

1.		take away	25	=	90
2.	90	=		+	50
3.	45	divided by	5	=	
4.	24	÷	2	=	
5.	15	=		groups of	5
6.		=	6	x	10
7.	double 11	–	10	=	
8.	9	multiplied by	10	=	
9.		=	60	add	10
10.	140	subtract	30	=	

Wednesday

1.		take away	100	=	5
2.	100	=		+	10
3.	20	divided by	5	=	
4.	20	÷	2	=	
5.	35	=		groups of	5
6.		=	6	x	10
7.	double 20	–	10	=	
8.	9	multiplied by	10	=	
9.		=	40	add	20
10.	200	subtract	100	=	

Thursday

1.		take away	25	=	50
2.	70	=		+	20
3.	10	divided by	5	=	
4.	22	÷	2	=	
5.	55	=		groups of	5
6.		=	1	x	10
7.	double 5	–	10	=	
8.	0	multiplied by	10	=	
9.		=	10	add	40
10.	130	subtract	50	=	

Friday

1.		take away	15	=	35
2.	25	=		+	10
3.	25	divided by	5	=	
4.	20	÷	2	=	
5.	35	=		groups of	5
6.		=	10	x	10
7.	double 10	–	10	=	
8.	3	multiplied by	10	=	
9.		=	40	add	20
10.	180	subtract	70	=	

Ninja challenge

Iko shares one hundred and twenty counters into **equal groups** of ten counters. How many groups of ten will Iko have?

ANSWERS

	Week 1: Grasshopper	Week 1: Shinobi	Week 1: Grand Master	Week 2: Grasshopper	Week 2: Shinobi	Week 2: Grand Master	Week 3: Grasshopper	Week 3: Shinobi	Week 3: Grand Master
Monday									
1.	3	10	13	6	5	15	4	6	15
2.	4	9	14	3	3	15	6	7	16
3.	2	8	14	4	1	17	5	3	13
4.	3	7	13	5	2	13	7	1	14
5.	2	6	9	4	0	7	7	8	12
6.	6	5	11	5	7	12	7	2	14
7.	4	4	9	5	10	0	3	1	3
8.	4	3	7	3	6	4	4	0	7
9.	5	2	11	4	8	14	2	5	14
10.	2	1	7	4	4	17	2	4	10
Tuesday									
1.	4	0	14	5	7	15	5	6	13
2.	3	1	14	8	6	15	5	3	15
3.	3	2	13	5	9	17	5	0	14
4.	4	3	7	7	10	14	6	1	16
5.	6	4	9	4	8	9	6	9	9
6.	3	5	14	6	4	12	4	7	16
7.	2	6	5	5	2	1	5	8	8
8.	4	7	7	3	1	5	8	5	9
9.	4	8	13	5	3	13	4	4	15
10.	3	9	7	7	0	17	0	2	5
Wednesday									
1.	4	10	10	7	9	15	4	4	12
2.	5	8	12	4	4	15	4	7	11
3.	3	6	11	4	1	17	4	3	13
4.	3	3	6	7	6	11	6	2	14
5.	3	4	6	4	0	7	6	9	9
6.	4	0	10	5	1	13	6	1	15
7.	4	1	7	6	10	4	2	6	7
8.	2	9	5	4	5	11	2	5	11
9.	1	7	13	4	3	15	2	0	14
10.	0	5	3	5	7	17	1	8	7
Thursday									
1.	6	4	11	5	5	15	4	0	16
2.	4	1	12	5	8	15	4	3	17
3.	5	8	13	5	3	17	4	7	15
4.	4	9	14	5	2	14	4	1	16
5.	3	7	7	6	7	9	4	2	5
6.	4	5	11	1	0	12	3	6	16
7.	3	6	1	1	1	9	2	4	10
8.	1	0	3	0	10	9	0	5	10
9.	2	3	13	1	9	13	1	8	15
10.	0	10	2	1	4	13	0	9	10
Friday									
1.	3	9	12	5	6	12	5	8	17
2.	5	1	10	4	5	13	5	5	18
3.	4	7	10	7	1	12	3	4	16
4.	2	0	14	5	7	12	4	0	16
5.	4	4	8	8	9	11	6	3	4
6.	0	10	12	3	2	11	0	2	16
7.	3	6	6	1	0	6	1	1	12
8.	1	3	5	2	4	6	3	9	11
9.	2	2	14	0	10	11	4	2	15
10.	0	5	6	1	8	11	2	7	11
Ninja Challenge	6	10	16	7	3	15	5	13	4

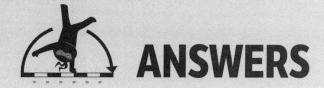

	Week 4: Grasshopper	Week 4: Shinobi	Week 4: Grand Master	Week 5: Grasshopper	Week 5: Shinobi	Week 5: Grand Master	Week 6: Grasshopper	Week 6: Shinobi	Week 6: Grand Master
Monday									
1.	7	1	18	8	11	8	8	11	7
2.	7	2	19	8	12	20	8	12	13
3.	8	3	20	9	13	3	9	13	20
4.	7	4	19	7	14	16	9	14	19
5.	6	5	15	8	15	4	9	15	15
6.	1	6	18	3	16	20	4	12	13
7.	3	7	13	4	17	18	4	13	18
8.	3	8	13	5	18	15	7	14	11
9.	2	9	16	2	19	20	7	15	10
10.	1	10	13	1	10	2	2	16	17
Tuesday									
1.	8	2	18	8	13	9	8	13	13
2.	8	6	16	9	15	18	9	14	14
3.	8	5	14	8	12	4	9	15	15
4.	8	8	16	7	14	18	7	16	20
5.	8	9	11	9	18	9	7	17	15
6.	1	10	15	2	20	15	4	14	12
7.	4	4	13	2	11	20	3	15	19
8.	1	6	13	1	16	10	5	16	6
9.	1	7	15	4	18	20	4	17	8
10.	0	3	9	1	17	4	4	18	16
Wednesday									
1.	8	1	19	8	10	9	8	15	12
2.	5	2	19	9	11	16	7	16	18
3.	6	3	19	9	12	5	9	17	17
4.	8	4	19	8	13	16	9	18	17
5.	6	5	17	9	14	8	8	19	13
6.	4	6	19	5	15	14	4	16	14
7.	2	7	8	2	16	15	3	17	15
8.	2	8	8	2	17	7	4	18	3
9.	0	9	20	2	18	19	1	19	8
10.	1	10	11	0	19	11	2	20	18
Thursday									
1.	7	5	16	9	16	7	9	2	9
2.	7	6	18	8	11	13	8	2	18
3.	7	3	19	6	13	6	9	4	18
4.	7	2	19	9	15	20	9	4	18
5.	7	4	16	7	14	16	9	6	9
6.	1	9	20	3	10	14	4	6	19
7.	3	10	9	1	19	20	2	8	15
8.	3	5	1	2	17	9	3	8	7
9.	2	7	20	6	18	18	1	10	19
10.	2	8	4	3	12	6	9	10	20
Friday									
1.	7	2	20	8	12	7	4	12	7
2.	7	4	19	9	14	20	8	12	20
3.	7	9	20	9	18	7	7	14	20
4.	7	10	17	8	20	17	9	14	20
5.	7	5	11	9	11	12	8	16	2
6.	4	9	19	0	15	15	1	16	18
7.	5	10	4	2	14	15	1	18	20
8.	2	4	9	3	10	9	4	18	16
9.	3	6	20	5	19	19	2	20	18
10.	6	7	9	2	17	1	2	20	15
Ninja Challenge	6	11	4	4	15	4	8	6	18

ANSWERS

Week 7: Grasshopper	Week 7: Shinobi	Week 7: Grand Master	Week 8: Grasshopper	Week 8: Shinobi	Week 8: Grand Master	Week 9: Grasshopper	Week 9: Shinobi	Week 9: Grand Master
Monday	**Monday**	**Monday**	**Monday**	**Monday**	**Monday**	**Monday**	**Monday**	**Monday**
1. 6	1. 6	1. 13	1. 9	1. 2	1. 15	1. 10	1. 6	1. 20
2. 9	2. 3	2. 19	2. 7	2. 8	2. 21	2. 10	2. 6	2. 8
3. 6	3. 1	3. 18	3. 9	3. 10	3. 16	3. 10	3. 10	3. 9
4. 7	4. 4	4. 14	4. 8	4. 19	4. 22	4. 10	4. 14	4. 21
5. 6	5. 5	5. 14	5. 7	5. 18	5. 11	5. 10	5. 15	5. 18
6. 0	6. 8	6. 14	6. 7	6. 19	6. 9	6. 4	6. 14	6. 19
7. 4	7. 17	7. 6	7. 2	7. 18	7. 14	7. 6	7. 15	7. 23
8. 2	8. 19	8. 8	8. 2	8. 4	8. 21	8. 7	8. 14	8. 18
9. 1	9. 17	9. 18	9. 1	9. 4	9. 22	9. 3	9. 14	9. 18
10. 1	10. 19	10. 17	10. 2	10. 4	10. 20	10. 5	10. 14	10. 14
Tuesday	**Tuesday**	**Tuesday**	**Tuesday**	**Tuesday**	**Tuesday**	**Tuesday**	**Tuesday**	**Tuesday**
1. 9	1. 7	1. 5	1. 7	1. 3	1. 19	1. 10	1. 4	1. 15
2. 8	2. 2	2. 18	2. 9	2. 7	2. 21	2. 10	2. 4	2. 12
3. 9	3. 1	3. 7	3. 9	3. 10	3. 11	3. 10	3. 10	3. 11
4. 7	4. 3	4. 17	4. 6	4. 17	4. 23	4. 10	4. 18	4. 21
5. 7	5. 0	5. 13	5. 8	5. 18	5. 11	5. 10	5. 19	5. 14
6. 3	6. 4	6. 13	6. 3	6. 17	6. 19	6. 6	6. 18	6. 18
7. 3	7. 19	7. 4	7. 3	7. 18	7. 17	7. 4	7. 19	7. 25
8. 5	8. 16	8. 9	8. 1	8. 6	8. 20	8. 2	8. 16	8. 19
9. 5	9. 19	9. 12	9. 3	9. 6	9. 23	9. 8	9. 16	9. 20
10. 5	10. 16	10. 19	10. 9	10. 6	10. 21	10. 5	10. 16	10. 14
Wednesday	**Wednesday**	**Wednesday**	**Wednesday**	**Wednesday**	**Wednesday**	**Wednesday**	**Wednesday**	**Wednesday**
1. 7	1. 5	1. 7	1. 8	1. 6	1. 14	1. 10	1. 9	1. 13
2. 9	2. 9	2. 20	2. 9	2. 6	2. 22	2. 10	2. 9	2. 7
3. 8	3. 6	3. 1	3. 7	3. 10	3. 16	3. 10	3. 10	3. 7
4. 9	4. 8	4. 16	4. 5	4. 15	4. 23	4. 10	4. 15	4. 25
5. 5	5. 3	5. 4	5. 9	5. 16	5. 9	5. 10	5. 16	5. 8
6. 3	6. 10	6. 14	6. 3	6. 16	6. 5	6. 1	6. 15	6. 11
7. 1	7. 17	7. 1	7. 5	7. 15	7. 16	7. 9	7. 16	7. 16
8. 6	8. 17	8. 18	8. 1	8. 8	8. 18	8. 7	8. 18	8. 9
9. 5	9. 17	9. 17	9. 1	9. 8	9. 21	9. 3	9. 18	9. 25
10. 4	10. 17	10. 20	10. 0	10. 8	10. 22	10. 10	10. 18	10. 2
Thursday	**Thursday**	**Thursday**	**Thursday**	**Thursday**	**Thursday**	**Thursday**	**Thursday**	**Thursday**
1. 9	1. 9	1. 0	1. 8	1. 1	1. 5	1. 10	1. 1	1. 19
2. 5	2. 4	2. 14	2. 7	2. 1	2. 22	2. 10	2. 1	2. 22
3. 8	3. 3	3. 14	3. 4	3. 10	3. 15	3. 10	3. 10	3. 10
4. 6	4. 5	4. 20	4. 7	4. 17	4. 19	4. 10	4. 14	4. 20
5. 7	5. 2	5. 19	5. 9	5. 18	5. 2	5. 10	5. 15	5. 1
6. 0	6. 4	6. 18	6. 6	6. 17	6. 1	6. 10	6. 14	6. 9
7. 1	7. 16	7. 0	7. 5	7. 18	7. 19	7. 9	7. 15	7. 20
8. 2	8. 17	8. 1	8. 2	8. 10	8. 10	8. 7	8. 20	8. 12
9. 4	9. 16	9. 0	9. 2	9. 10	9. 22	9. 5	9. 20	9. 18
10. 5	10. 17	10. 16	10. 9	10. 10	10. 22	10. 0	10. 20	10. 2
Friday	**Friday**	**Friday**	**Friday**	**Friday**	**Friday**	**Friday**	**Friday**	**Friday**
1. 7	1. 4	1. 19	1. 9	1. 8	1. 20	1. 8	1. 3	1. 12
2. 9	2. 6	2. 14	2. 9	2. 8	2. 21	2. 4	2. 3	2. 3
3. 5	3. 5	3. 17	3. 9	3. 10	3. 9	3. 6	3. 10	3. 0
4. 9	4. 2	4. 13	4. 9	4. 15	4. 21	4. 2	4. 12	4. 21
5. 9	5. 3	5. 13	5. 9	5. 16	5. 5	5. 10	5. 13	5. 3
6. 7	6. 4	6. 20	6. 8	6. 15	6. 2	6. 1	6. 12	6. 12
7. 4	7. 19	7. 7	7. 5	7. 16	7. 17	7. 1	7. 13	7. 18
8. 1	8. 18	8. 7	8. 5	8. 12	8. 18	8. 1	8. 2	8. 12
9. 6	9. 19	9. 13	9. 2	9. 12	9. 18	9. 1	9. 2	9. 20
10. 3	10. 18	10. 20	10. 4	10. 12	10. 23	10. 1	10. 2	10. 18
Ninja Challenge	**Ninja Challenge**	**Ninja Challenge**	**Ninja Challenge**	**Ninja Challenge**	**Ninja Challenge**	**Ninja Challenge**	**Ninja Challenge**	**Ninja Challenge**
4	13	22	8	6	9	10	9	Tom

ANSWERS

Monday

#	Week 10: Grasshopper	Week 10: Shinobi	Week 10: Grand Master	Week 11: Grasshopper	Week 11: Shinobi	Week 11: Grand Master	Week 12: Grasshopper	Week 12: Shinobi	Week 12: Grand Master
1	5	16	9	7	3	13	6	3	8
2	2	15	15	4	4	20	3	7	16
3	7	14	11	3	7	7	5	11	13
4	6	13	18	6	6	20	9	5	18
5	1	12	11	5	12	13	0	6	14
6	10	16	9	1	13	13	4	7	19
7	10	15	20	9	14	20	7	8	4
8	10	14	9	2	2	13	3	12	14
9	10	13	18	8	2	20	5	12	20
10	10	12	2	0	2	13	0	12	12

Tuesday

#	Week 10: Grasshopper	Week 10: Shinobi	Week 10: Grand Master	Week 11: Grasshopper	Week 11: Shinobi	Week 11: Grand Master	Week 12: Grasshopper	Week 12: Shinobi	Week 12: Grand Master
1	4	17	10	3	6	11	9	6	11
2	6	16	16	6	2	20	3	4	18
3	5	15	10	7	4	9	5	13	19
4	10	14	10	4	8	20	6	6	22
5	0	13	8	5	14	11	8	5	11
6	3	17	0	9	15	9	3	4	21
7	7	16	20	1	16	20	9	3	17
8	2	15	20	8	4	9	2	14	18
9	8	14	10	2	4	20	4	14	22
10	1	13	12	10	4	9	8	14	17

Wednesday

#	Week 10: Grasshopper	Week 10: Shinobi	Week 10: Grand Master	Week 11: Grasshopper	Week 11: Shinobi	Week 11: Grand Master	Week 12: Grasshopper	Week 12: Shinobi	Week 12: Grand Master
1	6	15	5	7	9	12	5	9	13
2	4	14	1	4	3	20	1	1	19
3	5	13	16	3	1	8	6	12	10
4	0	12	10	6	7	20	4	4	23
5	10	11	10	5	11	12	7	5	14
6	7	15	18	1	12	8	6	6	18
7	3	14	10	9	13	20	5	7	17
8	8	13	0	2	8	8	1	16	7
9	2	12	10	8	6	20	3	16	21
10	9	11	12	0	6	12	9	16	15

Thursday

#	Week 10: Grasshopper	Week 10: Shinobi	Week 10: Grand Master	Week 11: Grasshopper	Week 11: Shinobi	Week 11: Grand Master	Week 12: Grasshopper	Week 12: Shinobi	Week 12: Grand Master
1	4	14	17	3	0	14	4	2	13
2	6	13	20	6	5	20	7	8	16
3	5	12	3	7	10	6	5	16	9
4	10	11	20	4	5	20	1	7	21
5	0	10	17	5	12	14	10	5	15
6	3	14	17	9	11	6	6	9	23
7	7	13	20	1	10	20	3	10	11
8	2	12	17	8	8	14	7	18	5
9	8	11	10	8	4	20	5	18	22
10	1	10	17	10	8	14	10	18	16

Friday

#	Week 10: Grasshopper	Week 10: Shinobi	Week 10: Grand Master	Week 11: Grasshopper	Week 11: Shinobi	Week 11: Grand Master	Week 12: Grasshopper	Week 12: Shinobi	Week 12: Grand Master
1	6	13	16	5	3	15	0	5	15
2	4	12	20	8	4	20	7	5	18
3	5	11	20	4	1	5	9	15	14
4	0	10	20	6	9	20	6	11	23
5	10	9	16	1	13	15	10	10	19
6	7	13	16	9	12	5	9	9	21
7	3	12	20	0	11	20	7	8	9
8	8	11	16	10	10	15	1	20	5
9	2	10	20	3	10	20	5	20	25
10	9	9	16	7	10	15	8	20	25

Ninja Challenge

Week 10: Grasshopper	Week 10: Shinobi	Week 10: Grand Master	Week 11: Grasshopper	Week 11: Shinobi	Week 11: Grand Master	Week 12: Grasshopper	Week 12: Shinobi	Week 12: Grand Master
4	10	7	3	3	20	Iko	8	20

ANSWERS

Week 13: Grasshopper	Week 13: Shinobi	Week 13: Grand Master	Week 14: Grasshopper	Week 14: Shinobi	Week 14: Grand Master	Week 15: Grasshopper	Week 15: Shinobi	Week 15: Grand Master
Monday	**Monday**	**Monday**	**Monday**	**Monday**	**Monday**	**Monday**	**Monday**	**Monday**
1. 11	1. 20	1. 23	1. 7	1. 19	1. 16	1. 8	1. 2	1. 20
2. 11	2. 19	2. 15	2. 8	2. 2	2. 5	2. 11	2. 1	2. 40
3. 12	3. 18	3. 20	3. 5	3. 17	3. 5	3. 8	3. 2	3. 10
4. 10	4. 17	4. 11	4. 9	4. 13	4. 25	4. 8	4. 16	4. 30
5. 11	5. 16	5. 14	5. 9	5. 13	5. 5	5. 10	5. 17	5. 40
6. 11	6. 15	6. 20	6. 6	6. 4	6. 19	6. 10	6. 18	6. 40
7. 11	7. 14	7. 4	7. 2	7. 2	7. 24	7. 7	7. 21	7. 40
8. 11	8. 13	8. 11	8. 4	8. 4	8. 24	8. 7	8. 24	8. 40
9. 11	9. 12	9. 21	9. 3	9. 6	9. 14	9. 11	9. 10	9. 20
10. 11	10. 11	10. 12	10. 8	10. 8	10. 9	10. 9	10. 10	10. 10
Tuesday	**Tuesday**	**Tuesday**	**Tuesday**	**Tuesday**	**Tuesday**	**Tuesday**	**Tuesday**	**Tuesday**
1. 12	1. 10	1. 22	1. 7	1. 16	1. 9	1. 9	1. 4	1. 20
2. 12	2. 9	2. 16	2. 8	2. 5	2. 24	2. 9	2. 2	2. 20
3. 12	3. 8	3. 20	3. 5	3. 14	3. 19	3. 7	3. 4	3. 40
4. 11	4. 7	4. 13	4. 9	4. 5	4. 24	4. 10	4. 15	4. 20
5. 12	5. 6	5. 15	5. 9	5. 5	5. 24	5. 10	5. 16	5. 20
6. 12	6. 5	6. 21	6. 6	6. 9	6. 24	6. 8	6. 17	6. 30
7. 10	7. 4	7. 13	7. 2	7. 10	7. 10	7. 6	7. 25	7. 30
8. 12	8. 3	8. 20	8. 4	8. 12	8. 10	8. 7	8. 27	8. 20
9. 10	9. 2	9. 22	9. 3	9. 14	9. 25	9. 8	9. 15	9. 30
10. 12	10. 1	10. 19	10. 8	10. 16	10. 16	10. 11	10. 15	10. 40
Wednesday	**Wednesday**	**Wednesday**	**Wednesday**	**Wednesday**	**Wednesday**	**Wednesday**	**Wednesday**	**Wednesday**
1. 11	1. 19	1. 6	1. 6	1. 13	1. 16	1. 4	1. 6	1. 20
2. 12	2. 15	2. 20	2. 8	2. 8	2. 4	2. 0	2. 3	2. 20
3. 11	3. 7	3. 12	3. 4	3. 11	3. 6	3. 2	3. 6	3. 45
4. 11	4. 13	4. 11	4. 9	4. 6	4. 26	4. 3	4. 8	4. 30
5. 12	5. 14	5. 21	5. 9	5. 5	5. 6	5. 2	5. 9	5. 35
6. 11	6. 16	6. 17	6. 5	6. 5	6. 18	6. 1	6. 10	6. 25
7. 10	7. 1	7. 16	7. 2	7. 18	7. 23	7. 3	7. 29	7. 25
8. 11	8. 0	8. 13	8. 3	8. 20	8. 21	8. 4	8. 32	8. 30
9. 10	9. 4	9. 14	9. 3	9. 22	9. 15	9. 1	9. 25	9. 35
10. 11	10. 12	10. 12	10. 7	10. 24	10. 8	10. 2	10. 20	10. 45
Thursday	**Thursday**	**Thursday**	**Thursday**	**Thursday**	**Thursday**	**Thursday**	**Thursday**	**Thursday**
1. 13	1. 16	1. 4	1. 7	1. 10	1. 16	1. 3	1. 8	1. 45
2. 11	2. 5	2. 20	2. 8	2. 11	2. 4	2. 2	2. 4	2. 45
3. 13	3. 19	3. 12	3. 6	3. 8	3. 6	3. 3	3. 8	3. 10
4. 12	4. 17	4. 11	4. 9	4. 5	4. 26	4. 1	4. 15	4. 40
5. 13	5. 14	5. 21	5. 9	5. 7	5. 6	5. 2	5. 16	5. 40
6. 13	6. 8	6. 17	6. 6	6. 7	6. 18	6. 3	6. 17	6. 40
7. 11	7. 12	7. 15	7. 3	7. 2	7. 23	7. 4	7. 33	7. 35
8. 13	8. 15	8. 12	8. 5	8. 4	8. 21	8. 4	8. 35	8. 35
9. 11	9. 13	9. 14	9. 4	9. 6	9. 15	9. 4	9. 25	9. 25
10. 13	10. 7	10. 13	10. 9	10. 8	10. 8	10. 0	10. 25	10. 40
Friday	**Friday**	**Friday**	**Friday**	**Friday**	**Friday**	**Friday**	**Friday**	**Friday**
1. 13	1. 13	1. 16	1. 8	1. 7	1. 26	1. 8	1. 10	1. 35
2. 10	2. 0	2. 14	2. 6	2. 14	2. 24	2. 6	2. 5	2. 20
3. 13	3. 16	3. 19	3. 6	3. 5	3. 25	3. 9	3. 10	3. 15
4. 13	4. 20	4. 21	4. 9	4. 9	4. 9	4. 11	4. 17	4. 45
5. 14	5. 19	5. 6	5. 9	5. 6	5. 18	5. 10	5. 18	5. 35
6. 14	6. 5	6. 2	6. 6	6. 6	6. 6	6. 10	6. 19	6. 50
7. 12	7. 14	7. 5	7. 4	7. 10	7. 10	7. 11	7. 34	7. 0
8. 13	8. 8	8. 17	8. 5	8. 12	8. 9	8. 2	8. 37	8. 45
9. 12	9. 12	9. 14	9. 3	9. 14	9. 11	9. 3	9. 30	9. 45
10. 13	10. 17	10. 25	10. 9	10. 16	10. 16	10. 1	10. 30	10. 20
Ninja Challenge	**Ninja Challenge**	**Ninja Challenge**	**Ninja Challenge**	**Ninja Challenge**	**Ninja Challenge**	**Ninja Challenge**	**Ninja Challenge**	**Ninja Challenge**
6	30	3	13	14	Cho	7	3	18

Arithmetic Ninja 5-6 © Andrew Jennings, 2022

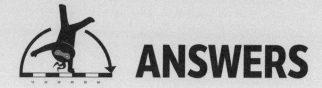

ANSWERS

Week 16: Grasshopper	Week 16: Shinobi	Week 16: Grand Master	Week 17: Grasshopper	Week 17: Shinobi	Week 17: Grand Master	Week 18: Grasshopper	Week 18: Shinobi	Week 18: Grand Master
Monday	**Monday**	**Monday**	**Monday**	**Monday**	**Monday**	**Monday**	**Monday**	**Monday**
1. 2	1. 12	1. 10	1. 2	1. 2	1. 10	1. 8	1. 2	1. 6
2. 4	2. 6	2. 30	2. 4	2. 4	2. 30	2. 6	2. 7	2. 15
3. 6	3. 12	3. 20	3. 6	3. 6	3. 30	3. 0	3. 16	3. 5
4. 8	4. 14	4. 10	4. 8	4. 7	4. 10	4. 12	4. 27	4. 4
5. 10	5. 15	5. 10	5. 10	5. 8	5. 50	5. 10	5. 33	5. 2
6. 11	6. 16	6. 20	6. 8	6. 9	6. 20	6. 2	6. 5	6. 10
7. 12	7. 36	7. 40	7. 4	7. 9	7. 40	7. 4	7. 10	7. 40
8. 13	8. 39	8. 30	8. 6	8. 5	8. 0	8. 4	8. 15	8. 20
9. 14	9. 35	9. 4	9. 10	9. 10	9. 10	9. 4	9. 20	9. 2
10. 15	10. 35	10. 20	10. 2	10. 15	10. 10	10. 10	10. 25	10. 40
Tuesday	**Tuesday**	**Tuesday**	**Tuesday**	**Tuesday**	**Tuesday**	**Tuesday**	**Tuesday**	**Tuesday**
1. 4	1. 14	1. 10	1. 12	1. 8	1. 2	1. 8	1. 14	1. 2
2. 2	2. 7	2. 60	2. 4	2. 10	2. 3	2. 8	2. 9	2. 15
3. 8	3. 14	3. 10	3. 6	3. 12	3. 5	3. 8	3. 17	3. 4
4. 6	4. 13	4. 30	4. 8	4. 5	4. 10	4. 10	4. 38	4. 2
5. 10	5. 14	5. 10	5. 10	5. 6	5. 50	5. 10	5. 45	5. 2
6. 14	6. 15	6. 20	6. 8	6. 7	6. 2	6. 10	6. 5	6. 60
7. 12	7. 39	7. 50	7. 4	7. 6	7. 40	7. 6	7. 10	7. 40
8. 13	8. 41	8. 50	8. 6	8. 20	8. 0	8. 6	8. 15	8. 5
9. 11	9. 40	9. 5	9. 10	9. 25	9. 10	9. 6	9. 20	9. 6
10. 15	10. 40	10. 20	10. 12	10. 30	10. 5	10. 10	10. 25	10. 4
Wednesday	**Wednesday**	**Wednesday**	**Wednesday**	**Wednesday**	**Wednesday**	**Wednesday**	**Wednesday**	**Wednesday**
1. 10	1. 16	1. 25	1. 12	1. 14	1. 20	1. 6	1. 3	1. 6
2. 4	2. 8	2. 30	2. 4	2. 16	2. 30	2. 6	2. 12	2. 5
3. 8	3. 16	3. 10	3. 6	3. 18	3. 30	3. 6	3. 5	3. 5
4. 2	4. 14	4. 30	4. 8	4. 12	4. 100	4. 12	4. 29	4. 2
5. 6	5. 15	5. 40	5. 10	5. 11	5. 50	5. 12	5. 44	5. 5
6. 14	6. 16	6. 10	6. 8	6. 10	6. 20	6. 12	6. 30	6. 6
7. 15	7. 43	7. 50	7. 4	7. 8	7. 40	7. 4	7. 35	7. 10
8. 11	8. 45	8. 50	8. 6	8. 35	8. 1	8. 4	8. 40	8. 4
9. 13	9. 45	9. 10	9. 10	9. 40	9. 10	9. 4	9. 45	9. 2
10. 12	10. 45	10. 40	10. 12	10. 45	10. 40	10. 4	10. 50	10. 10
Thursday	**Thursday**	**Thursday**	**Thursday**	**Thursday**	**Thursday**	**Thursday**	**Thursday**	**Thursday**
1. 2	1. 18	1. 45	1. 10	1. 20	1. 2	1. 10	1. 18	1. 4
2. 4	2. 9	2. 30	2. 12	2. 22	2. 16	2. 10	2. 3	2. 25
3. 6	3. 18	3. 30	3. 4	3. 24	3. 14	3. 10	3. 11	3. 5
4. 8	4. 13	4. 60	4. 6	4. 7	4. 2	4. 8	4. 47	4. 20
5. 10	5. 14	5. 50	5. 8	5. 8	5. 2	5. 8	5. 39	5. 15
6. 8	6. 15	6. 10	6. 12	6. 9	6. 20	6. 8	6. 55	6. 70
7. 4	7. 47	7. 60	7. 4	7. 1	7. 8	7. 6	7. 60	7. 20
8. 6	8. 49	8. 60	8. 8	8. 50	8. 2	8. 6	8. 20	8. 12
9. 10	9. 50	9. 10	9. 6	9. 55	9. 5	9. 6	9. 10	9. 60
10. 2	10. 50	10. 60	10. 10	10. 60	10. 4	10. 12	10. 35	10. 20
Friday	**Friday**	**Friday**	**Friday**	**Friday**	**Friday**	**Friday**	**Friday**	**Friday**
1. 6	1. 20	1. 20	1. 8	1. 10	1. 18	1. 8	1. 1	1. 2
2. 2	2. 10	2. 70	2. 6	2. 6	2. 2	2. 8	2. 16	2. 5
3. 10	3. 20	3. 45	3. 0	3. 16	3. 6	3. 8	3. 2	3. 5
4. 8	4. 17	4. 10	4. 12	4. 14	4. 16	4. 4	4. 27	4. 10
5. 4	5. 18	5. 10	5. 10	5. 15	5. 8	5. 4	5. 30	5. 5
6. 10	6. 19	6. 10	6. 2	6. 16	6. 6	6. 4	6. 15	6. 7
7. 8	7. 48	7. 30	7. 4	7. 7	7. 10	7. 12	7. 55	7. 2
8. 4	8. 53	8. 30	8. 12	8. 20	8. 8	8. 12	8. 45	8. 2
9. 2	9. 55	9. 7	9. 8	9. 15	9. 2	9. 12	9. 25	9. 6
10. 6	10. 55	10. 20	10. 10	10. 30	10. 6	10. 2	10. 50	10. 4
Ninja Challenge	**Ninja Challenge**	**Ninja Challenge**	**Ninja Challenge**	**Ninja Challenge**	**Ninja Challenge**	**Ninja Challenge**	**Ninja Challenge**	**Ninja Challenge**
9	30	Sam 7 Tom 8	6	12	16	9	20	16

ANSWERS

Week 19: Grasshopper	Week 19: Shinobi	Week 19: Grand Master	Week 20: Grasshopper	Week 20: Shinobi	Week 20: Grand Master	Week 21: Grasshopper	Week 21: Shinobi	Week 21: Grand Master
Monday	**Monday**	**Monday**	**Monday**	**Monday**	**Monday**	**Monday**	**Monday**	**Monday**
1. 8	1. 17	1. 5	1. 10	1. 22	1. 10	1. 60	1. 35	1. 10
2. 10	2. 17	2. 6	2. 20	2. 27	2. 70	2. 2	2. 41	2. 70
3. 8	3. 3	3. 5	3. 30	3. 31	3. 7	3. 0	3. 27	3. 5
4. 6	4. 13	4. 3	4. 40	4. 18	4. 10	4. 10	4. 8	4. 10
5. 4	5. 5	5. 5	5. 50	5. 2	5. 5	5. 40	5. 18	5. 4
6. 2	6. 8	6. 10	6. 10	6. 8	6. 1	6. 0	6. 2	6. 7
7. 0	7. 2	7. 5	7. 20	7. 12	7. 10	7. 30	7. 2	7. 60
8. 8	8. 2	8. 2	8. 30	8. 12	8. 35	8. 10	8. 4	8. 6
9. 0	9. 1	9. 7	9. 40	9. 6	9. 14	9. 20	9. 6	9. 2
10. 2	10. 5	10. 7	10. 50	10. 30	10. 5	10. 8	10. 8	10. 25
Tuesday	**Tuesday**	**Tuesday**	**Tuesday**	**Tuesday**	**Tuesday**	**Tuesday**	**Tuesday**	**Tuesday**
1. 10	1. 2	1. 20	1. 20	1. 35	1. 10	1. 40	1. 25	1. 10
2. 2	2. 2	2. 30	2. 30	2. 38	2. 60	2. 6	2. 31	2. 5
3. 8	3. 18	3. 25	3. 50	3. 30	3. 10	3. 10	3. 45	3. 2
4. 6	4. 15	4. 30	4. 40	4. 13	4. 6	4. 6	4. 17	4. 10
5. 0	5. 4	5. 15	5. 10	5. 7	5. 30	5. 60	5. 7	5. 6
6. 2	6. 9	6. 60	6. 40	6. 3	6. 6	6. 10	6. 7	6. 10
7. 12	7. 4	7. 50	7. 50	7. 14	7. 6	7. 40	7. 10	7. 2
8. 10	8. 4	8. 14	8. 10	8. 14	8. 6	8. 8	8. 12	8. 10
9. 6	9. 2	9. 70	9. 30	9. 7	9. 2	9. 30	9. 14	9. 10
10. 0	10. 10	10. 14	10. 20	10. 35	10. 30	10. 10	10. 16	10. 3
Wednesday	**Wednesday**	**Wednesday**	**Wednesday**	**Wednesday**	**Wednesday**	**Wednesday**	**Wednesday**	**Wednesday**
1. 6	1. 7	1. 2	1. 20	1. 41	1. 5	1. 50	1. 44	1. 4
2. 0	2. 7	2. 5	2. 40	2. 47	2. 5	2. 12	2. 35	2. 5
3. 2	3. 13	3. 5	3. 10	3. 45	3. 50	3. 40	3. 26	3. 10
4. 12	4. 18	4. 10	4. 30	4. 6	4. 10	4. 10	4. 14	4. 10
5. 10	5. 12	5. 3	5. 50	5. 14	5. 5	5. 20	5. 4	5. 60
6. 8	6. 12	6. 2	6. 40	6. 16	6. 1	6. 8	6. 4	6. 10
7. 10	7. 6	7. 10	7. 50	7. 16	7. 10	7. 30	7. 18	7. 2
8. 10	8. 6	8. 4	8. 10	8. 16	8. 5	8. 12	8. 20	8. 30
9. 2	9. 3	9. 10	9. 30	9. 8	9. 2	9. 10	9. 22	9. 20
10. 6	10. 15	10. 20	10. 20	10. 40	10. 25	10. 0	10. 24	10. 3
Thursday	**Thursday**	**Thursday**	**Thursday**	**Thursday**	**Thursday**	**Thursday**	**Thursday**	**Thursday**
1. 10	1. 9	1. 4	1. 60	1. 35	1. 50	1. 10	1. 24	1. 10
2. 2	2. 9	2. 5	2. 10	2. 38	2. 6	2. 10	2. 36	2. 3
3. 8	3. 11	3. 10	3. 0	3. 42	3. 10	3. 20	3. 45	3. 40
4. 6	4. 14	4. 1	4. 50	4. 19	4. 7	4. 8	4. 12	4. 6
5. 0	5. 8	5. 5	5. 40	5. 1	5. 6	5. 50	5. 2	5. 1
6. 2	6. 8	6. 20	6. 0	6. 9	6. 6	6. 12	6. 2	6. 2
7. 12	7. 8	7. 30	7. 30	7. 18	7. 5	7. 20	7. 12	7. 10
8. 10	8. 8	8. 20	8. 50	8. 18	8. 30	8. 2	8. 11	8. 4
9. 6	9. 4	9. 10	9. 20	9. 9	9. 2	9. 50	9. 10	9. 10
10. 0	10. 20	10. 10	10. 40	10. 45	10. 25	10. 12	10. 9	10. 3
Friday	**Friday**	**Friday**	**Friday**	**Friday**	**Friday**	**Friday**	**Friday**	**Friday**
1. 8	1. 4	1. 10	1. 60	1. 33	1. 10	1. 40	1. 43	1. 30
2. 4	2. 4	2. 70	2. 10	2. 30	2. 10	2. 12	2. 35	2. 60
3. 10	3. 16	3. 7	3. 0	3. 47	3. 10	3. 30	3. 20	3. 5
4. 12	4. 19	4. 10	4. 50	4. 17	4. 6	4. 12	4. 19	4. 10
5. 2	5. 7	5. 5	5. 40	5. 3	5. 5	5. 30	5. 9	5. 6
6. 4	6. 11	6. 1	6. 0	6. 7	6. 1	6. 8	6. 9	6. 10
7. 6	7. 10	7. 10	7. 30	7. 18	7. 10	7. 10	7. 8	7. 6
8. 10	8. 10	8. 2	8. 50	8. 18	8. 2	8. 10	8. 7	8. 3
9. 12	9. 5	9. 2	9. 20	9. 9	9. 5	9. 20	9. 6	9. 10
10. 8	10. 25	10. 14	10. 40	10. 45	10. 5	10. 8	10. 5	10. 60
Ninja Challenge	**Ninja Challenge**	**Ninja Challenge**	**Ninja Challenge**	**Ninja Challenge**	**Ninja Challenge**	**Ninja Challenge**	**Ninja Challenge**	**Ninja Challenge**
10	18	5	20	45	7	15	50	50

Arithmetic Ninja 5-6 © Andrew Jennings, 2022

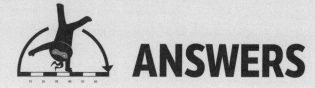
	Week 22: Grasshopper	Week 22: Shinobi	Week 22: Grand Master	Week 23: Grasshopper	Week 23: Shinobi	Week 23: Grand Master	Week 24: Grasshopper	Week 24: Shinobi	Week 24: Grand Master
Monday									
1.	40	46	30	5	15	60	0	5	5
2.	12	39	60	10	13	2	25	5	7
3.	30	25	5	15	11	60	30	10	22
4.	12	5	10	5	12	10	20	10	10
5.	30	10	6	10	17	12	5	24	12
6.	8	15	10	15	12	11	15	35	9
7.	10	5	6	5	15	9	25	46	10
8.	10	17	3	10	2	2	30	12	2
9.	20	14	5	15	4	4	5	11	7
10.	8	15	60	5	6	30	20	10	0
Tuesday									
1.	20	26	70	5	2	60	35	15	15
2.	8	33	12	10	10	2	20	15	45
3.	40	48	5	15	12	60	30	20	11
4.	14	20	10	20	15	10	20	20	80
5.	50	25	6	5	19	12	20	27	2
6.	14	30	9	10	4	11	15	31	45
7.	30	5	5	15	5	9	25	45	20
8.	15	19	2	20	8	2	30	9	9
9.	10	16	11	15	10	4	35	8	7
10.	12	17	40	5	12	30	5	7	0
Wednesday									
1.	50	26	70	5	13	20	50	25	20
2.	12	35	9	15	5	5	20	25	20
3.	60	43	30	10	4	40	30	30	6
4.	16	35	10	20	13	10	40	30	20
5.	60	40	8	5	18	8	25	20	2
6.	8	45	7	15	13	7	0	32	55
7.	60	7	2	10	15	7	40	48	30
8.	20	16	2	20	14	3	30	6	8
9.	15	13	1	5	16	4	35	5	9
10.	0	14	15	15	18	14	50	4	6
Thursday									
1.	30	44	60	5	3	30	5	35	35
2.	16	38	4	15	9	6	45	35	25
3.	90	24	60	10	2	10	30	40	4
4.	10	50	10	20	7	10	40	40	70
5.	70	55	12	5	15	6	10	26	2
6.	12	60	11	15	7	3	50	30	35
7.	20	4	9	10	8	10	40	41	20
8.	30	11	2	20	20	2	20	3	12
9.	25	8	4	5	22	7	30	2	10
10.	14	9	30	15	24	35	45	1	10
Friday									
1.	20	47	90	5	15	10	5	45	7
2.	6	33	7	25	11	7	45	45	5
3.	40	29	5	10	6	18	55	50	8
4.	6	20	10	20	11	10	20	50	7
5.	30	35	6	5	18	4	15	24	2
6.	8	50	5	15	7	5	50	31	35
7.	20	12	3	25	17	4	45	40	20
8.	15	19	2	20	6	2	5	5	2
9.	10	16	10	5	14	3	55	11	5
10.	8	17	10	20	4	20	45	2	10
Ninja Challenge	10	7	15	20	3	24	30	16	18

ANSWERS

Week 25: Grasshopper	Week 25: Shinobi	Week 25: Grand Master	Week 26: Grasshopper	Week 26: Shinobi	Week 26: Grand Master	Week 27: Grasshopper	Week 27: Shinobi	Week 27: Grand Master
Monday	**Monday**	**Monday**	**Monday**	**Monday**	**Monday**	**Monday**	**Monday**	**Monday**
1. 5	1. 5	1. 8	1. 40	1. 15	1. 2	1. 15	1. 12	1. 2
2. 10	2. 3	2. 5	2. 15	2. 16	2. 30	2. 4	2. 13	2. 10
3. 15	3. 6	3. 5	3. 25	3. 17	3. 9	3. 50	3. 15	3. 9
4. 20	4. 44	4. 10	4. 7	4. 8	4. 2	4. 5	4. 18	4. 8
5. 25	5. 33	5. 2	5. 5	5. 5	5. 10	5. 6	5. 7	5. 12
6. 6	6. 27	6. 10	6. 3	6. 10	6. 90	6. 40	6. 10	6. 12
7. 1	7. 24	7. 20	7. 1	7. 15	7. 30	7. 2	7. 10	7. 50
8. 2	8. 12	8. 4	8. 6	8. 53	8. 9	8. 0	8. 15	8. 4
9. 3	9. 22	9. 6	9. 4	9. 57	9. 18	9. 30	9. 17	9. 50
10. 4	10. 11	10. 4	10. 2	10. 59	10. 4	10. 20	10. 19	10. 2
Tuesday	**Tuesday**	**Tuesday**	**Tuesday**	**Tuesday**	**Tuesday**	**Tuesday**	**Tuesday**	**Tuesday**
1. 0	1. 9	1. 7	1. 35	1. 13	1. 2	1. 20	1. 4	1. 7
2. 20	2. 11	2. 5	2. 5	2. 14	2. 50	2. 8	2. 5	2. 10
3. 15	3. 6	3. 7	3. 15	3. 15	3. 4	3. 40	3. 6	3. 7
4. 30	4. 48	4. 8	4. 8	4. 4	4. 1	4. 15	4. 15	4. 10
5. 25	5. 36	5. 2	5. 6	5. 20	5. 5	5. 6	5. 8	5. 9
6. 1	6. 23	6. 40	6. 4	6. 25	6. 50	6. 30	6. 20	6. 25
7. 3	7. 20	7. 40	7. 2	7. 30	7. 15	7. 10	7. 20	7. 60
8. 2	8. 10	8. 6	8. 1	8. 64	8. 7	8. 25	8. 24	8. 5
9. 4	9. 18	9. 10	9. 2	9. 66	9. 12	9. 50	9. 27	9. 53
10. 6	10. 9	10. 6	10. 3	10. 69	10. 5	10. 5	10. 29	10. 5
Wednesday	**Wednesday**	**Wednesday**	**Wednesday**	**Wednesday**	**Wednesday**	**Wednesday**	**Wednesday**	**Wednesday**
1. 10	1. 6	1. 4	1. 45	1. 15	1. 2	1. 5	1. 8	1. 16
2. 15	2. 7	2. 5	2. 50	2. 16	2. 60	2. 2	2. 9	2. 6
3. 25	3. 3	3. 9	3. 55	3. 17	3. 5	3. 10	3. 10	3. 11
4. 20	4. 46	4. 8	4. 3	4. 8	4. 2	4. 10	4. 17	4. 12
5. 35	5. 39	5. 5	5. 4	5. 35	5. 10	5. 4	5. 5	5. 8
6. 7	6. 27	6. 50	6. 5	6. 40	6. 70	6. 20	6. 30	6. 5
7. 3	7. 16	7. 30	7. 6	7. 45	7. 40	7. 8	7. 30	7. 30
8. 2	8. 8	8. 7	8. 3	8. 74	8. 5	8. 20	8. 32	8. 6
9. 6	9. 14	9. 20	9. 4	9. 77	9. 14	9. 40	9. 35	9. 43
10. 5	10. 7	10. 4	10. 5	10. 79	10. 2	10. 50	10. 38	10. 10
Thursday	**Thursday**	**Thursday**	**Thursday**	**Thursday**	**Thursday**	**Thursday**	**Thursday**	**Thursday**
1. 20	1. 19	1. 7	1. 30	1. 11	1. 2	1. 25	1. 2	1. 10
2. 30	2. 8	2. 5	2. 35	2. 12	2. 100	2. 10	2. 3	2. 9
3. 40	3. 15	3. 11	3. 40	3. 13	3. 7	3. 50	3. 4	3. 2
4. 5	4. 43	4. 10	4. 4	4. 5	4. 8	4. 30	4. 12	4. 10
5. 6	5. 32	5. 6	5. 5	5. 50	5. 24	5. 12	5. 6	5. 5
6. 1	6. 25	6. 80	6. 6	6. 55	6. 80	6. 60	6. 40	6. 5
7. 3	7. 12	7. 70	7. 7	7. 60	7. 50	7. 6	7. 40	7. 20
8. 2	8. 6	8. 8	8. 4	8. 84	8. 10	8. 15	8. 43	8. 3
9. 8	9. 10	9. 10	9. 5	9. 86	9. 8	9. 30	9. 47	9. 33
10. 4	10. 5	10. 6	10. 6	10. 88	10. 1	10. 20	10. 49	10. 12
Friday	**Friday**	**Friday**	**Friday**	**Friday**	**Friday**	**Friday**	**Friday**	**Friday**
1. 15	1. 14	1. 12	1. 15	1. 9	1. 2	1. 20	1. 3	1. 24
2. 35	2. 8	2. 40	2. 20	2. 10	2. 100	2. 8	2. 4	2. 12
3. 45	3. 17	3. 8	3. 25	3. 11	3. 7	3. 40	3. 5	3. 6
4. 9	4. 43	4. 4	4. 5	4. 5	4. 8	4. 25	4. 16	4. 12
5. 4	5. 32	5. 9	5. 6	5. 35	5. 12	5. 10	5. 8	5. 6
6. 6	6. 25	6. 100	6. 7	6. 20	6. 80	6. 50	6. 50	6. 10
7. 8	7. 12	7. 40	7. 8	7. 45	7. 50	7. 12	7. 50	7. 40
8. 1	8. 6	8. 11	8. 7	8. 95	8. 10	8. 30	8. 52	8. 8
9. 3	9. 10	9. 20	9. 8	9. 97	9. 8	9. 60	9. 55	9. 23
10. 5	10. 5	10. 5	10. 9	10. 98	10. 1	10. 20	10. 58	10. 11
Ninja Challenge	**Ninja Challenge**	**Ninja Challenge**	**Ninja Challenge**	**Ninja Challenge**	**Ninja Challenge**	**Ninja Challenge**	**Ninja Challenge**	**Ninja Challenge**
35	9	4	30	7	70	12	30 minutes	8

  Arithmetic Ninja 5-6 © Andrew Jennings, 2022

ANSWERS

Week 28: Grasshopper	Week 28: Shinobi	Week 28: Grand Master	Week 29: Grasshopper	Week 29: Shinobi	Week 29: Grand Master	Week 30: Grasshopper	Week 30: Shinobi	Week 30: Grand Master
Monday	**Monday**	**Monday**	**Monday**	**Monday**	**Monday**	**Monday**	**Monday**	**Monday**
1. 6	1. 7	1. 5	1. 1	1. 2	1. 7	1. 9	1. 46	1. 8
2. 4	2. 8	2. 12	2. 2	2. 4	2. 6	2. 11	2. 46	2. 10
3. 4	3. 9	3. 10	3. 3	3. 1	3. 8	3. 10	3. 46	3. 6
4. 6	4. 15	4. 10	4. 10	4. 2	4. 90	4. 19	4. 46	4. 16
5. 8	5. 8	5. 9	5. 10	5. 4	5. 9	5. 12	5. 9	5. 9
6. 10	6. 60	6. 30	6. 10	6. 5	6. 20	6. 14	6. 10	6. 20
7. 4	7. 60	7. 45	7. 10	7. 6	7. 30	7. 20	7. 11	7. 50
8. 2	8. 62	8. 5	8. 10	8. 13	8. 10	8. 20	8. 8	8. 70
9. 1	9. 65	9. 70	9. 10	9. 10	9. 40	9. 2	9. 60	9. 30
10. 2	10. 68	10. 40	10. 5	10. 10	10. 44	10. 5	10. 60	10. 120
Tuesday	**Tuesday**	**Tuesday**	**Tuesday**	**Tuesday**	**Tuesday**	**Tuesday**	**Tuesday**	**Tuesday**
1. 7	1. 7	1. 5	1. 1	1. 6	1. 11	1. 9	1. 54	1. 5
2. 5	2. 6	2. 7	2. 2	2. 8	2. 10	2. 10	2. 54	2. 6
3. 3	3. 5	3. 9	3. 3	3. 3	3. 10	3. 8	3. 54	3. 5
4. 5	4. 11	4. 10	4. 13	4. 4	4. 45	4. 20	4. 54	4. 18
5. 6	5. 3	5. 7	5. 14	5. 7	5. 8	5. 13	5. 7	5. 6
6. 7	6. 70	6. 20	6. 15	6. 8	6. 20	6. 15	6. 8	6. 40
7. 6	7. 70	7. 30	7. 8	7. 9	7. 20	7. 30	7. 9	7. 60
8. 8	8. 74	8. 9	8. 12	8. 8	8. 60	8. 10	8. 9	8. 50
9. 2	9. 77	9. 90	9. 5	9. 20	9. 10	9. 10	9. 70	9. 80
10. 4	10. 79	10. 22	10. 1	10. 20	10. 22	10. 4	10. 70	10. 200
Wednesday	**Wednesday**	**Wednesday**	**Wednesday**	**Wednesday**	**Wednesday**	**Wednesday**	**Wednesday**	**Wednesday**
1. 7	1. 8	1. 5	1. 0	1. 10	1. 6	1. 11	1. 63	1. 2
2. 5	2. 9	2. 8	2. 5	2. 12	2. 5	2. 11	2. 63	2. 2
3. 3	3. 10	3. 11	3. 9	3. 5	3. 12	3. 11	3. 63	3. 25
4. 7	4. 14	4. 10	4. 16	4. 6	4. 35	4. 17	4. 63	4. 9
5. 10	5. 2	5. 8	5. 11	5. 4	5. 10	5. 15	5. 5	5. 60
6. 9	6. 80	6. 20	6. 13	6. 5	6. 20	6. 18	6. 6	6. 40
7. 10	7. 80	7. 15	7. 20	7. 6	7. 30	7. 40	7. 7	7. 60
8. 8	8. 83	8. 5	8. 10	8. 12	8. 80	8. 12	8. 11	8. 5
9. 3	9. 86	9. 80	9. 4	9. 30	9. 20	9. 20	9. 80	9. 80
10. 6	10. 89	10. 60	10. 2	10. 30	10. 20	10. 2	10. 80	10. 100
Thursday	**Thursday**	**Thursday**	**Thursday**	**Thursday**	**Thursday**	**Thursday**	**Thursday**	**Thursday**
1. 6	1. 4	1. 5	1. 11	1. 14	1. 6	1. 9	1. 68	1. 2
2. 4	2. 5	2. 10	2. 10	2. 16	2. 7	2. 9	2. 68	2. 2
3. 2	3. 6	3. 8	3. 12	3. 7	3. 9	3. 9	3. 68	3. 30
4. 10	4. 19	4. 10	4. 17	4. 8	4. 25	4. 16	4. 68	4. 5
5. 10	5. 8	5. 7	5. 19	5. 6	5. 9	5. 17	5. 12	5. 100
6. 10	6. 90	6. 20	6. 16	6. 7	6. 30	6. 18	6. 13	6. 40
7. 6	7. 90	7. 55	7. 14	7. 8	7. 10	7. 20	7. 14	7. 10
8. 10	8. 94	8. 5	8. 12	8. 5	8. 40	8. 10	8. 3	8. 9
9. 5	9. 96	9. 100	9. 6	9. 40	9. 50	9. 4	9. 90	9. 0
10. 10	10. 98	10. 80	10. 2	10. 40	10. 60	10. 2	10. 90	10. 80
Friday	**Friday**	**Friday**	**Friday**	**Friday**	**Friday**	**Friday**	**Friday**	**Friday**
1. 5	1. 7	1. 5	1. 13	1. 18	1. 9	1. 10	1. 76	1. 24
2. 6	2. 8	2. 9	2. 9	2. 20	2. 9	2. 11	2. 76	2. 2
3. 4	3. 9	3. 10	3. 11	3. 9	3. 11	3. 12	3. 76	3. 45
4. 10	4. 15	4. 10	4. 20	4. 10	4. 22	4. 17	4. 76	4. 7
5. 10	5. 3	5. 9	5. 18	5. 9	5. 11	5. 18	5. 4	5. 110
6. 10	6. 100	6. 30	6. 19	6. 10	6. 30	6. 16	6. 5	6. 20
7. 10	7. 100	7. 40	7. 18	7. 11	7. 30	7. 40	7. 6	7. 20
8. 10	8. 65	8. 10	8. 10	8. 8	8. 100	8. 100	8. 14	8. 12
9. 10	9. 77	9. 110	9. 5	9. 50	9. 10	9. 10	9. 100	9. 0
10. 5	10. 84	10. 100	10. 2	10. 50	10. 100	10. 2	10. 100	10. 70
Ninja Challenge	**Ninja Challenge**	**Ninja Challenge**	**Ninja Challenge**	**Ninja Challenge**	**Ninja Challenge**	**Ninja Challenge**	**Ninja Challenge**	**Ninja Challenge**
14	18	40	7	30	20	5	15	10

ANSWERS

Week 31: Grasshopper	Week 31: Shinobi	Week 31: Grand Master	Week 32: Grasshopper	Week 32: Shinobi	Week 32: Grand Master	Week 33: Grasshopper	Week 33: Shinobi	Week 33: Grand Master
Monday	**Monday**	**Monday**	**Monday**	**Monday**	**Monday**	**Monday**	**Monday**	**Monday**
1. 15	1. 2	1. 6	1. 10	1. 2	1. 7	1. 0	1. 83	1. 5
2. 13	2. 1	2. 4	2. 15	2. 1	2. 8	2. 1	2. 85	2. 90
3. 12	3. 4	3. 11	3. 0	3. 1	3. 8	3. 4	3. 88	3. 10
4. 14	4. 2	4. 5	4. 15	4. 14	4. 10	4. 9	4. 13	4. 8
5. 13	5. 5	5. 9	5. 20	5. 2	5. 4	5. 2	5. 6	5. 8
6. 15	6. 9	6. 45	6. 10	6. 14	6. 40	6. 3	6. 5	6. 110
7. 10	7. 7	7. 8	7. 30	7. 39	7. 10	7. 5	7. 13	7. 50
8. 7	8. 5	8. 60	8. 20	8. 39	8. 40	8. 2	8. 10	8. 8
9. 10	9. 10	9. 40	9. 5	9. 39	9. 40	9. 4	9. 20	9. 30
10. 5	10. 15	10. 60	10. 10	10. 39	10. 50	10. 3	10. 30	10. 100
Tuesday	**Tuesday**	**Tuesday**	**Tuesday**	**Tuesday**	**Tuesday**	**Tuesday**	**Tuesday**	**Tuesday**
1. 14	1. 6	1. 8	1. 17	1. 4	1. 3	1. 2	1. 71	1. 8
2. 14	2. 3	2. 6	2. 11	2. 2	2. 4	2. 10	2. 74	2. 90
3. 13	3. 8	3. 6	3. 8	3. 2	3. 3	3. 3	3. 77	3. 12
4. 13	4. 4	4. 5	4. 12	4. 16	4. 12	4. 7	4. 14	4. 9
5. 14	5. 9	5. 6	5. 14	5. 3	5. 8	5. 4	5. 5	5. 9
6. 12	6. 11	6. 40	6. 18	6. 16	6. 55	6. 0	6. 6	6. 90
7. 0	7. 2	7. 6	7. 20	7. 58	7. 5	7. 4	7. 16	7. 40
8. 0	8. 20	8. 60	8. 30	8. 58	8. 30	8. 3	8. 40	8. 7
9. 10	9. 25	9. 20	9. 2	9. 58	9. 50	9. 1	9. 50	9. 0
10. 5	10. 30	10. 60	10. 4	10. 58	10. 100	10. 2	10. 60	10. 70
Wednesday	**Wednesday**	**Wednesday**	**Wednesday**	**Wednesday**	**Wednesday**	**Wednesday**	**Wednesday**	**Wednesday**
1. 10	1. 10	1. 4	1. 7	1. 6	1. 2	1. 7	1. 90	1. 9
2. 11	2. 5	2. 3	2. 3	2. 3	2. 10	2. 3	2. 95	2. 50
3. 11	3. 12	3. 4	3. 5	3. 3	3. 2	3. 5	3. 97	3. 7
4. 10	4. 6	4. 5	4. 14	4. 14	4. 8	4. 8	4. 16	4. 6
5. 11	5. 7	5. 9	5. 16	5. 5	5. 11	5. 5	5. 3	5. 5
6. 11	6. 4	6. 20	6. 17	6. 14	6. 5	6. 6	6. 7	6. 80
7. 18	7. 11	7. 7	7. 10	7. 65	7. 6	7. 3	7. 17	7. 60
8. 18	8. 35	8. 40	8. 40	8. 65	8. 90	8. 1	8. 70	8. 11
9. 3	9. 40	9. 20	9. 4	9. 65	9. 20	9. 5	9. 80	9. 20
10. 5	10. 45	10. 30	10. 2	10. 65	10. 90	10. 4	10. 90	10. 80
Thursday	**Thursday**	**Thursday**	**Thursday**	**Thursday**	**Thursday**	**Thursday**	**Thursday**	**Thursday**
1. 2	1. 14	1. 6	1. 3	1. 2	1. 1	1. 9	1. 73	1. 8
2. 2	2. 7	2. 10	2. 5	2. 1	2. 5	2. 1	2. 77	2. 35
3. 2	3. 16	3. 5	3. 9	3. 1	3. 2	3. 7	3. 71	3. 8
4. 11	4. 8	4. 5	4. 15	4. 9	4. 2	4. 5	4. 17	4. 7
5. 12	5. 2	5. 4	5. 19	5. 6	5. 5	5. 2	5. 2	5. 6
6. 13	6. 11	6. 45	6. 12	6. 11	6. 20	6. 10	6. 17	6. 40
7. 10	7. 7	7. 5	7. 10	7. 87	7. 10	7. 5	7. 7	7. 70
8. 12	8. 50	8. 40	8. 15	8. 87	8. 10	8. 3	8. 20	8. 4
9. 2	9. 55	9. 40	9. 2	9. 87	9. 0	9. 0	9. 30	9. 0
10. 10	10. 60	10. 30	10. 10	10. 87	10. 80	10. 1	10. 40	10. 90
Friday	**Friday**	**Friday**	**Friday**	**Friday**	**Friday**	**Friday**	**Friday**	**Friday**
1. 3	1. 18	1. 7	1. 4	1. 4	1. 10	1. 10	1. 52	1. 10
2. 4	2. 9	2. 8	2. 6	2. 2	2. 5	2. 0	2. 55	2. 50
3. 5	3. 20	3. 8	3. 8	3. 2	3. 10	3. 5	3. 58	3. 7
4. 13	4. 10	4. 10	4. 11	4. 11	4. 2	4. 7	4. 16	4. 11
5. 14	5. 3	5. 4	5. 13	5. 5	5. 5	5. 4	5. 2	5. 8
6. 12	6. 14	6. 40	6. 15	6. 9	6. 100	6. 9	6. 18	6. 50
7. 6	7. 10	7. 10	7. 20	7. 94	7. 5	7. 4	7. 2	7. 30
8. 6	8. 20	8. 40	8. 20	8. 94	8. 50	8. 5	8. 50	8. 5
9. 6	9. 30	9. 40	9. 4	9. 94	9. 30	9. 1	9. 60	9. 50
10. 9	10. 40	10. 50	10. 5	10. 94	10. 70	10. 2	10. 70	10. 50
Ninja Challenge	**Ninja Challenge**	**Ninja Challenge**	**Ninja Challenge**	**Ninja Challenge**	**Ninja Challenge**	**Ninja Challenge**	**Ninja Challenge**	**Ninja Challenge**
5	22	30	4	30	30	5	27	9